REIS ALENE

ISBN: 978-82-938-7381-5
1. utgave / 1. opplag 2025

Redaktør: Espen Selmer-Torgersen
Korrektur/språkvask: Edward Reibo
Grafisk design: Ida Nygaard
Illustrasjoner: Adobe Stock
Forsidefoto: Anniken Skotvoll
Portrettfoto, bakside: Randi J. Aasheim
Forlag: BoD · Books on Demand,
Postboks 354 Sentrum, 0101 Oslo,
bod@bod.no
Trykk: Libri Plureos GmbH,
Friedensallee 273, 22763 Hamburg,
Tyskland

Anita Ness

REIS ALENE

Tips og inspirasjon for deg som vil se verden på dine egne premisser

ARKANA FORLAG

Innhold

Kapittel 1

Yrende liv i Stone Town

Jeg sitter på en trang veranda i et smug i en bakgård, ser havet bak en palme, hører lyder av lastebiler, aggregater, noen som lager mat i nabohuset bak den grå veggen. Skritt, en barnestemme. Har tatt kaffen med hit, afrikansk kaffe. Rart at de stort sett lager pulverkaffe her. Jeg tenker tilbake på alle reisene mine, alene, i grupper, pakketurer og fjellturer. Hvordan det begynte da jeg reiste alene for første gang. Når jeg er på reise her, har jeg dager med en del program, men i dag har jeg tatt en fridag fra sightseeing og utflukter. Jeg trenger alenetid, jeg trenger å utforske litt på egen hånd. Stone Town er en gammel by på Zanzibar med en blodig historie. Det jeg ser her i dag er glade ansikter, mye latter og musikk, et myldrende folkeliv, mye turister, ei livlig havn, falleferdige fasader mellom de mer striglete. Hotellet er i arabisk stil fra kolonitiden, man lukter fortiden i hvert møbel, i alt av interiør, i hver del av bygningen. Det mørke treet med vakre utskjæringer og de hvite veggene. Like oppi gata her vokste Freddie Mercury opp. Dit skal jeg en tur senere i dag. Huset ble museum i 2019. Han flyktet med familien som syttenåring til England på grunn av revolusjonen på Zanzibar.

Zanzibar! Til og med navnet er sanselig, fylt med liv, lukt og drømmer. Den berømte oppdagelsesreisende, legen og misjonæren dr. Livingstone var også her. I dag skal jeg spise lunsj på restauranten på stranda med hans navn. Hvem var han her? Slik sitter jeg og funderer. Når jeg er helt alene, får tankene flyte fritt. Kan jeg se ham for meg her? Finnes han i mylderet av alt folket som spaserer i gatene og på havna med turist- og fiskerbåter?

Jeg liker å gå alene i gatene, se, lukte, sanse og ta inn inntrykk med hele meg, fantasere.
Noe av gleden ved å reise alene er nettopp det å kunne bestemme egen tid, å utforske ting selv og å gjøre det man har lyst til.

Reisedrømmen

Tenker du noen ganger på at du har lyst til å reise alene, men ikke tør ta steget? Kanskje har du reist alene, og drømmer om å utfordre deg mer og strekke deg litt lenger? Jeg ønsker å dele mine opplevelser og tips, samt gleden ved å reise med deg. Men først vil jeg si litt om hvem jeg er, min reisedrøm og hvordan jeg gjorde det da jeg ville reise til utlandet alene.

Utlandet, tenker du. Min utfordring er å reise alene til Oslo, tenker du kanskje. Selv reiste jeg mye alene i Norge før jeg kom så langt som til å reise utenlands. Opp gjennom årene har jeg faktisk ikke reist så mye utenlands heller, bortsett fra til våre naboland Sverige og Danmark.

Jeg vokste opp i Halden, og mange av feriene i min barndom gikk til svenskekysten. Senere i livet ble det mange ferieturer til Danmark og Sverige med egne barn. En sydentur til Tyrkia med barna ble det også, men de rakk å bli tenåringer før det ble en ny utenlandsreise i Europa.

Her hjemme har jeg reist mye, fra haiking sørover og hjem til Trøndelag i ungdomsårene. Familien min og jeg flyttet til Nord-Trøndelag da jeg var fjorten. I voksen alder, da barna ble større, fikk jeg smaken på fjellturer. Det var ikke alltid jeg hadde noen å gå sammen med på fjellet, så da dro jeg alene. Jeg var bestemt på at det å være alene, ikke skulle hindre meg i det jeg virkelig hadde lyst til. Det samme tenkte jeg da det gjaldt kurs og festivaler jeg gjerne ville på. Jeg har også reist mye alene gjennom jobben min som sosionom i barne- og familievernet. Alle disse reisene ga meg erfaring jeg kunne bygge på da jeg ville ut i verden.

Jeg har nok alltid hatt stor nysgjerrighet på verden og likt å reise, være i bevegelse. Kanskje fordi min far var sjømann? Det var alltid spennende når han kom hjem med historier og gaver fra fjerne land. Han fortalte spennende historier fra Karibia, og kom hjem med dukker ikledd eksotiske drakter, Juicy Fruit og fargerike drops. Jeg minnes bilder og prydgjenstander fra Trinidad og Tobago. Ting som ga næring til mine drømmer.

Da mine barn ble voksne, ønsket jeg å reise mer i utlandet, men det var ikke alltid så lett å få noen med seg når jeg selv ønsket det og hadde mulighet til å dra. Det handlet både om økonomi og når jeg kunne ta ferie. Det billigste er jo å reise utenfor skoleferiene, og siden jeg er alene, og har vært det i mange år, er økonomien til tider trang. Men siden jeg har ønsket å prioritere å reise, har jeg valgt å legge opp til det. Jeg innså at jeg ikke både kunne bruke mye penger på klær og interiør, stor leilighet og samtidig reise en del. Det handler om valg – å velge innenfor de rammene man har til rådighet.

Jeg har også vært skeptisk til typiske charterturer til Gran Canaria, Tyrkia og lignende, men det var Gran Canaria som skulle bli min debut som alenereisende i utlandet. Jeg innrømmer glatt at jeg hadde fordommer. Det skulle vise seg at charterøya var bedre enn sitt rykte, men at også noe var slik jeg hadde sett det for meg. Før min første reise til Gran Canaria meldte jeg meg på noen gruppereiser, både i Europa og i Sør-Amerika, der jeg ble kjent med andre som reiste alene og som jeg også traff igjen på andre reiser. Å reise alene kan være så mangt. Det kan være å reise helt alene, men å reise på gruppetur er også en mulighet. Man melder seg på alene, samtidig som reisen er lagt opp med et program og man er sammen med andre. For meg var også det utfordrende til å begynne med, men samtidig en fin mulighet til å komme seg av gårde på turer jeg kanskje aldri ellers hadde turt eller orket å dra helt alene på.

Til å begynne med var det veldig skummelt å reise alene, men det ble stadig lettere, og etter hvert begynte jeg å like det veldig godt. Det er mange fordeler med å reise alene. Man blir kjent med andre mennesker, man må greie seg selv og ordne opp i ting som dukker opp. Man kan gjøre hva man vil, så lenge man ikke er på en gruppetur, for da er det andre regler som gjelder. I dag gjør det meg ikke noe å reise alene eller i gruppe. Jeg har blitt mye tryggere på at jeg vil greie meg og finne ut av ting. Jeg har gjennom mange erfaringer lært meg strategier for å håndtere det jeg tidligere syntes var vanskelig, som for eksempel å gå ut og spise alene.

Min drøm om å legge ut på en større reise over noen måneder har jeg også greid å gjennomføre. Foruten rundt i Europa, reiste jeg til Argentina og Mexico alene. Jeg tok permisjon fra jobben i fire måneder, noe jeg absolutt ikke angrer på. Det var alle de små og stadig større stegene før dette som gjorde at jeg i godt voksen alder torde å reise så langt, samt at jeg hadde en sterk drivkraft og reiselyst og en drøm som alltid har ligget der. Hvorfor vente til det en gang er for sent? Jeg hadde tidlig hørt om eldre som angret på det de ikke gjorde. Det har alltid vært med meg som et viktig budskap, som noe jeg har ønsket å unngå. Man vet aldri når det er for sent å gjøre det man drømmer om.

Dine drømmer og mål er kanskje annerledes enn de jeg har hatt. Kanskje ønsker du å dra på fjelltur alene, reise en weekend til Roma, en uke i Hellas eller en lengre reise til Asia?

Dette er en bok for deg og for alle dere som gjerne vil, men som ennå ikke helt tør, eller som har reist litt, men ønsker å strekke dere litt lenger. Dette er ikke en bok for ekspedisjonsfarere og for dere som ønsker de ekstreme turene. Dette er en lavterskel bok og en guide for folk flest som ønsker å reise alene. Drømmene og målene kan være så forskjellige. Jeg mener at alle kan reise alene med sitt eget utgangspunkt hvis de ønsker og vil det nok. Det finnes en tur for alle, enten du er aleneboende som meg eller i parforhold og ønsker å reise alene en gang iblant. Mange har behov for mer alenetid enn det de har og får. Å reise alene kan gi deg selv det påfyllet med alenetid som akkurat du har behov for. Det er ikke egoistisk å ta vare på seg selv og egne behov. Kanskje trenger familien din det også? Jeg har inntrykk av at flere og flere gjør det og tør det, men også at det er mange som ennå lar det være med tanken og drømmen.

La det bli din tur nå!

Kapittel 2

Litt om min egen start

Start der du er

Hva tenker du om å reise alene? Jeg hører ofte folk si at de gjerne vil reise alene, men ikke tør. Noen blir også veldig inspirert, sier de synes jeg er tøff og modig eller lurer på hvordan jeg greier å finansiere turene mine. Det siste skal jeg komme tilbake til. Jeg er ikke spesielt tøff, modig eller rik, men jeg har nok en sterk vilje når jeg først bestemmer meg. Jeg setter meg mål og er selvstendig. Jeg er uredd på den måten at jeg jobber mye med meg selv for å bryte egne barrierer, terskler og redsler. Jeg vil ikke at det skal hindre meg i å oppnå det jeg virkelig vil. Jeg har likt å tøye mine egne grenser. Kanskje har også det at jeg er redd for mye også vært en drivkraft for å kjempe meg gjennom det jeg har vært redd for.

Før jeg tok steget og reiste alene til utlandet, begynte jeg med det mange kan tenke er enkelt. Jeg hadde knapt vært på kontinentet før – kun på et par sydenturer med en ekskjæreste for veldig mange år siden, samt et par storbyturer med den ene søstera mi. På min første sydentur alene var jeg førtiåtte år. Det er aldri for sent. Jeg har i mange år elsket å lese og høre om andre som reiser alene og som gjør reisedrømmen sin til virkelighet. Det har tradisjonelt vært mange flere menn som reiser alene. Min erfaring er at dette har endret seg siden jeg begynte å reise alene. Det er flere kvinner å se alene nå.

Den første alenereisen utenlands

På reisene traff jeg andre som reiste alene. Jeg tok mot til meg og snakket med de ved siden av meg på flyet eller flyplassen, eller på hotellet eller andre steder jeg ferdes. Jeg spurte og grov om deres erfaringer om alt fra bussbilletter, gode steder å spise og hvor man fant minibank, til gode strender, turstier og utflukter. Min første sydentur alene gikk til Gran Canaria. Der hadde jeg ikke vært før, og dessuten har jeg vært skeptisk til typiske turist- og chartersteder. Jeg så for meg et mylder av turister, mye fyll og grisefester. Min nevø bodde der med sin familie et års tid, og jeg benyttet anledningen til å besøke dem. Jeg var riktignok ikke alene der, men jeg var alene på reisen ned til Las Palmas, og måtte ta meg frem fra flyplassen og til Arguineguín der de bodde. Det var en god erfaring å ta med seg, og for meg det første lille skrittet mot det store utlandet. Spenningen jeg følte da jeg landet, inntrykkene, sola og den varme lufta var eventyrlig. Luktene som var helt annerledes enn i vinterlandet jeg kom fra. Bussreisen til Patalavaca, endestasjonen for meg på denne reisen, mens kveldsmørket endret landskapet vi kjørte gjennom, og alle lysene fra hotellene langs strendene som åpenbarte seg som et smykke da jeg nærmet meg, alle de store kaktusene og andre planter i bedene – for meg var det eksotisk. I tillegg opplevde jeg Gran Canaria som bedre enn forventet. Det har jo skjedd en del oppgraderinger siden masseturismen startet på 1960-tallet.

Jeg traff tilfeldigvis en venninne i Arguineguín som ofte reiste alene. Jeg fikk gode tips og hørte om hennes erfaringer. Spesielt snakket vi om det å gå ut og spise alene og dra på stranda.

Siden gikk det slag i slag med alenereising. Kanariøyene har jeg besøkt nesten hvert år siden, mest på grunn av klimaet som har gjort meg godt vinterstid. Jeg har også blitt veldig glad i Hellas, spesielt Kreta. Det er enkle land å reise til, og er tilrettelagt for oss nordmenn. Spania er generelt fint å reise til. På turiststedene snakker de engelsk, men utenfor de sentrale turiststrøkene er det ikke alltid de gjør det, noe jeg skal komme mer tilbake til senere i boka. Jeg besøkte stadig nye steder og byer jeg ikke hadde vært i før. Det har i perioder blitt flere reiser i året.

Fordeler med å reise alene

Å reise er gøy. Å reise gjør meg alltid glad. Det bruser i kroppen når jeg sitter på flyet og lander i et nytt land. Trekke inn andre lukter, høre et annet språk, bli kjent med nye steder, byer og natur.

Reiser du alene, må du stole på deg selv. Det skaper en følelse av å mestre, av uavhengighet og frihet, av at du greier det meste fordi du må løse situasjoner som oppstår.

Du er fri til å gjøre akkurat hva du vil. Sove lenge, spise når og hvor du vil. Du slipper diskusjoner om hvor dere skal spise, hva dere skal gjøre. Å gå rundt med en gjeng og bestemme seg for hvor man skal spise, der folk sjelden vil det samme, er slitsomme greier. Å måtte bli med noen på shopping hvis du selv hater det, mens du helst ønsker å gå på museum. Du kommer lettere i kontakt med lokalbefolkningen og andre reisende. Sjansen for å få hyggelige samtaler, for eksempel i en butikk eller på et utested, er større når du er alene. Går man i flokk, haster det som regel med å gå videre, eller man er mest opptatt av å snakke med de man er sammen med. Reiser man alene, må man faktisk snakke med andre innimellom. Du kan også velge å være alene uten å snakke med noen. Tenk å kunne lese en bok, og faktisk bruke hele dagen på det.

Du kan utfordre deg selv så mye eller lite du vil. Du lærer å kjenne dine grenser og mye om deg selv. Du har god tid til å tenke, og lærer å tåle stillhet hvis du ikke er så vant til det. Det er mye selvutvikling i å reise alene.

Kapittel 3

Om å følge sine drømmer

Drøm stort – hva ønsker du?

Det første du må finne ut, er hvilken type reise du drømmer om. Mange drømmer seg bort til eksotiske land og vakre strender, høye fjell i Himalaya eller noe annet under fjerne himmelstrøk. Jeg har venner som har reist alene i perioder til India. De har vært i annen livssituasjon enn meg. Jeg har nok også tenkt at en dag kan det bli min tur.

Er du også der?

Men er det realistisk akkurat nå? Og er det dit du vil reise alene? Kanskje er det et mål du vil sette litt lenger inn i fremtiden?

Min erfaring er at det er lurt å starte med det enkle, men folk er forskjellige. Som ung er det lettere å hoppe på en større backpackertur. Man ser ikke problemer og hindringer så lett som en eldre person med mer livserfaring kanskje gjør. Som tenåring og ung voksen haiket jeg land og strand rundt, men jeg fikk ikke reist på de lange turene til utlandet som jeg drømte om.

Det lengste var da jeg som nittenåring haiket til Danmark og Roskildefestivalen sammen med en venninne. Vi sov i busskur og på sofaen hos folk vi ble kjent med, noe jeg som godt voksen dame ikke kunne tenkt meg å ha gjort i dag.

Hvorfor reiste jeg ikke på interrail eller annet jeg drømte om den gangen? Jeg jobbet mye om sommeren, og hadde vel heller ingen å reise med da jeg kunne reise og lite penger da de andre reiste. Reisedrømmen tok jeg igjen i godt voksen alder. Det er aldri for sent å realisere drømmene sine, selv om de kan ta en annen form. Hver tid, sin reise. Det er viktig å finne ut hvor du er akkurat nå, hva som er realistisk for deg i den situasjonen du er i til enhver tid.

Hvilken reisetype er du?

Min første utenlandstur som alenereisende ble som nevnt Gran Canaria. Det ble etter hvert flere reiser dit. Gran Canaria er en øy vi forbinder med masseturisme, charterfeber, nordmenn i klynger på solkysten, strender og avslapning. Men Gran Canaria har så mye mer å by på. Er du en type som vil ha strand og sol og avslapning? Liker du å gå turer i fjellet og langs turstier ved kysten? Eller er shopping det du trives best med? Hva med kultur? Du får alt her. Det er lett å finne frem og lett å finne noen å prate med. Et godt valg for den som reiser alene for første gang. Jeg brukte en del tid på å finne ut hvor jeg trivdes. Rolige og vakre Puerto de Mogán eller livlige Playa del Inglés? Solsikre Puerto Rico? Det finnes også en drøss andre steder på Gran Canaria, man må bare prøve seg frem. Snakk med andre, søk på nettet.

Kanskje ønsker du en fjelltur alene? Norske fjell er et godt utgangspunkt. Eller storbyferie? Er det første gang du reiser alene, er en middels eller stor by i Norge lurt å starte med. Oslo har mye å by på, deretter kan du ta steget videre ut i Europa. Stockholm, København, Berlin. Sjekk reiseartikler, reiseselskapenes sider, blogger – hva frister mest? Hva vil du føle deg komfortabel med? Det er det viktig å finne ut av. Om du er opptatt av kultur, shopping, vandreturer, strand, by, sol – alt dette er det viktig å være bevisst på før du gjør ditt valg. Lag deg gjerne en liste over ønsker, og gå grundig gjennom fordeler og ulemper.

Ta hensyn til helse og livssituasjon

Jeg er en type som liker å utforske steder jeg er på. For å bruke Gran Canaria som eksempel, har jeg oppsøkt grottebyer, landsbyer i fjellene, gått i fjellet med og uten guide, vært på museum i Las Palmas, besøkt en kaffeplantasje i Agaete og mye mer spennende.

Det har ført til mange fine opplevelser, men også noen ubehagelige. Jeg elsker å gå tur og vandre rundt i større og mindre byer. Det er så mye fint og artig å se. Fargerike bygninger, vakre fasader, slitte fasader, eksotiske planter, folk som snakker andre språk, utekafeer, små smug med duft av mat, kunst i bybildet, gatemusikanter og sjonglører, arbeidsfolk som skal reparere noe, barn som leker.

I Las Palmas gikk og gikk jeg. Jeg skulle se alt. Fra den ene enden av Playa de Las Canteras til den andre enden på den fire kilometer lange stranda, og opp i bydelen der lokalbefolkningen bodde. I en annen ende av byen finner man den gamle bydelen Vegueta. Jeg gikk fra busstoppet gjennom den berømte handlegata Triana for å komme til Nasjonalmuseet i Vegueta. Jeg gikk og gikk, og det ble nesten aldri nok. Men en gang for noen år siden stoppet det. Kneet ble overbelastet, og jeg overså det helt til jeg måtte kapitulere. Det samme skjedde da jeg gikk Samariaravinen på Kreta for en del år tilbake, men da var det hoftene som ble overbelastet. Hoftene sliter jeg fortsatt med periodevis. Jeg var antagelig ikke godt nok trent til turen.

Har man problemer med knær, hofter eller andre ting, er det viktig å ta det med i vurderingen av hvilke turer man skal velge eller hva man bør tenke på for å lette belastningene. Jeg kommer tilbake til det med helseutfordringer senere i boka. Det viktige i denne sammenhengen er at du skal finne din type tur og hvilken type reisende du er – hva du liker, hva du tenker du kan starte med og hvor dine grenser går.

Kapittel 4

Hvordan kan man få det til?

Om mot og inspirasjon

Noe som har inspirert meg, er å lese om andre som reiser på sine drømmereiser og om hvordan de fikk det til – alt fra jordomseilinger til ekspedisjoner – eller høre på andre som reiser ofte og alene. En venninne av meg reiste hvert år til India for fem–seks måneder. Hun var hjemme og jobbet for å få nok penger til å reise for. Noen år har hun hatt fast jobb og vært i ro en stund, så har hun sagt opp jobben og skaffet seg ny når hun kom tilbake. Alle kan selvsagt ikke leve slik, det er en valgt livsstil. Mange ønsker å ha tryggheten med fast jobb, andre er villig til å ta permisjon en periode for å leve ut drømmen. Andre igjen er fornøyd med å bruke ferien og ikke være borte så lenge av gangen. Man må ta hensyn til sin egen livssituasjon, men det er mange muligheter innenfor de rammene.

Selv om jeg elsker klatreprogram fra Himalaya, ekspedisjonsprogram med Cecilie Skog og andre eksotiske reiseprogram, betyr ikke det at det er noe for meg. For meg var det i starten nok å dra på fjelltur her i Norge alene, besøke en litteraturfestival på Lillehammer eller melde meg på fotokurs i Rondane. Etter hvert kom suget etter utlandet i sterkere grad.

Jeg kjente faktisk ikke så mange kvinner for cirka femten år siden som reiste alene, bortsett fra min India-venninne og henne jeg traff på Gran Canaria. Jeg snakket med dem for å høre om deres erfaringer, og så slukte jeg alt jeg kom over i magasiner, aviser og på nett om alenereisende. Jeg har også en mannlig venn jeg har kjent siden jeg var ung som ofte har reist til Gran Canaria og Hellas, og som også har gitt meg mange bra tips. Det er alltid kjekt med erfarne venner og bekjente som kan gi gode tips og råd. Det kan være om alt – gode steder å bo, områder man bør holde seg unna, når det er lurt å gå ut og spise, passende utflukter med mer.

Har du noen bekjente som du kan spørre om det å reise alene eller som har reist dit du ønsker å dra?

Bruk av sosiale medier

De fleste i dag er på sosiale medier som Facebook, Instagram, Tik Tok, Snap og lignende. Jeg holder meg til Facebook, Instagram og blogger. Da jeg begynte å reise alene, oppdaget jeg at det finnes mange grupper på Facebook for folk som reiser til forskjellige steder. Slike grupper kan være gullgruver, selv om det også er en del som ikke er like bra i disse gruppene. Stygge kommentarer, folk som ikke holder seg til saken, rett og slett nettroll. Du får bare prøve å skygge unna slike tråder, og heller finne det som gir deg saklig informasjon og svar på det du lurer på.

Det finnes egne grupper om å reise alene på Gran Canaria, Kreta, Rhodos og andre steder. Flere alenereisende ønsker kontakt for å ta en matbit sammen og finne på noe sosialt. Man må tørre å ta kontakt hvis det er det man ønsker. Det kan føles skummelt første gangen – men den som intet våger, intet vinner, som det heter.

Følg også med på oppslag i butikksenter og lignende. I Puerto Rico på Gran Canaria fant jeg et oppslag om Tjukkasgjengen. Tjukkasgjengen har avdelinger i Arguineguín og Puerto Rico og arrangerer lavterskel turgrupper med sosialt treff etterpå. De har også egne grupper på Facebook. Verdt å ta en titt på hvis man liker å gå tur og å være sosial. Ikke alle liker å gå tur alene, så dette er en fin mulighet. Det finnes også andre steder for nordmenn hvor man kan få kontakt med andre samt skaffe seg informasjon om hva som finnes. Sjømannskirken i Arguineguín har bibliotek, forskjellige arrangementer og gode vafler. Sjømannskirken finner man i mange land. Jeg har blant annet gått på konsert og bokbad med Lars Saabye Christensen i Sjømannskirken i Albir på Costa Blanca.

Det finnes barer og treffsteder der man kan treffe andre nordmenn i flere land. Jeg har sett flest av dem på typiske turiststeder i Syden. Men ikke alle ønsker å omgi seg med nordmenn på reise. Jeg synes at det kan være greit noen ganger, selv om man ikke ønsker å bruke mye tid sammen med nordmenn når man er i utlandet. Det er fint for å få tips og råd fra landsmenn, samt ha noen å snakke eget språk med. Det kan være en trygghet i det. Men vi er forskjellige og har forskjellig smak og behov. Hva er dine behov?

Jeg har ofte truffet kjentfolk når jeg har vært på reise, spesielt på Kanariøyene og i Hellas. Det skjer som regel fordi jeg har lagt ut noe på Facebook om at jeg skal til et bestemt sted, eller at jeg er der og noen responderer og skriver at de er der samtidig med meg. Det har blitt mange koselige treff når vi har møttes. En gang var jeg så heldig å få være med et par som jeg kjenner på utflukter på Lanzarote. De hadde leiebil, og inviterte meg med både på utflukt til vulkanen Timanfaya og en dagstur over øya med besøk på en vingård. Det var kjempetrivelig, og jeg fikk sett mye mer enn om jeg hadde bestilt utfluktene på egen hånd. Som sagt – Facebook kan være gull verdt hvis man tør å bruke det på denne måten. Jeg er også på Instagram og legger ut mange bilder fra reiser, men opplever ikke samme type kommunikasjon der som på Facebook. Der er det mest respons på bildene. Jeg liker begge deler. Jeg liker å kommunisere med folk digitalt når jeg er ute og reiser alene. Jeg føler meg vel mindre alene da, og har noen å dele øyeblikkene med. Man er ikke så alene når man har et nettverk på sosiale medier man kan kommunisere med og som også heier på deg. Motsatt merker jeg at jeg ikke har det samme behovet for å dele når jeg reiser sammen med andre.

Jeg lærer også mye av folk jeg treffer på gruppeturer. Flere av dem har jeg truffet igjen flere ganger. Mange har mye interessant å fortelle fra egne reiser, flere reiser ofte alene, også på gruppetur. Det er mange måter å reise alene på, og mye å lære om man velger den ene eller den andre måten.

Det viktigste er å tørre å ta kontakt, melde seg på et treff, utflukt eller arrangement, snakke med kjente som reiser alene hvis man ønsker det. Det er selvsagt også mulig å være borte en uke uten å treffe andre folk enn de som bor og jobber på hotellet, butikken, flyplassen – og heller sitte på rommet og se TV eller lese. Men igjen – du må finne ut hva du selv ønsker og har behov for, og strekke deg etter det for å få mest mulig utbytte av en reise. Man må ikke oppleve masse hele tiden, kanskje trenger man bare å slappe av og komme litt bort fra hverdagen hjemme.

Bøker, artikler og TV-program kan også gi mye inspirasjon. Jeg drømmer meg ofte bort i bøker som handler om andre steder, og får lyst til å reise dit.

Gode boktips:

Nå stikker jeg! av Hans-Peter Kerkeling (Santiago de Compostela)

Postkort fra Hellas og *Øya* av Victoria Hislop

Appelsinlunden av Rosanna Ley (Andalucía, Spania)

Mure-serien av Jenny Colgan (Skottland)

Krakow av Aasne Linnestå

Grensen av Erika Fatland (land rundt grensen til Russland)

Havets katedral av Ildefonso Falcones (Barcelona)

Fra drøm til handling

I flere år har jeg drømt om en tur til Afrika. Bortsett fra Marokko, hadde jeg ennå ikke vært der, men i mars 2023 ble det min tur. Da Forfatterskolen lanserte en skrivereise til Tanzania, gikk jeg i tenkeboksen, men der ble jeg ikke lenge. For en mulighet, kanskje kommer den ikke igjen, tenkte jeg. Men har jeg råd? Jeg måtte ha en liten peptalk med min søster, som sa: – Gjør det! Once in a lifetime!

Det er nettopp det. Jeg la opp en plan for å kutte ut alle andre mindre reiser i 2023 og heller satse på å få det til. Ikke visste jeg da at 2023 skulle bli et knalltøft år økonomisk. Prisene steg raskt på strøm, mat og andre varer. Boligrenta økte stadig, det samme med kostnadene på andre lån. Jeg gikk over til 100 prosent arbeidsavklaringspenger (AAP), noe som innebærer omtrent en tredjedel reduksjon i inntekt. Jeg fikk vondt i magen av å tenke på det. Hvordan skulle jeg få det til? Jeg kjente en økende anger og motstand mot en reise som jeg absolutt ikke hadde råd til, spesielt ikke med de nye forutsetningene. Det skjedde også ting i familien akkurat da som hemmet reiselysten. Jeg sjekket både avbestillingsvilkår og reiseforsikring, men det fantes ikke muligheter til å avbestille uten å tape det reisen kostet. Jeg var for sent ute. Så da satt jeg der, med sommerfugler i magen. Jeg gikk gjennom alt jeg kunne spare på, kuttet ut medlemskap og abonnement jeg strengt tatt ikke trengte. Jeg hadde også vært i kontakt med banken, og hadde begynt å selge ting på Finn.no og Marketplace på Facebook. I januar og februar 2023 solgte jeg for 9000 kroner. Jeg hadde ikke orket å drive med bruktsalg før. Jeg har slitt med utmattelse og lite energi, og har også hatt store belastninger med sykdom i familien de siste årene. Men nå måtte jeg ta meg på tak. Det ble motiverende når jeg så pengene komme inn og at jeg hadde et klart mål å spare mot.

Gjennom en nøye kartlegging og gjennomgang fikk jeg også tro på at jeg skulle få økonomien på kjøl og greie denne reisen uten å gå på en altfor stor smell. Man må prioritere hele veien, noe jeg også hadde lært meg å gjøre før dyrtid og AAP. Er man alene på én inntekt, koster det også mer å reise.

Planlegging og forberedelser

Det er to dager til avreise. Jeg venter på å få time hos frisøren. Mye av håret må bort, hvis jeg ikke skal svette bort i varmen i Tanzania. Vaksiner er unnagjort, likedan innkjøp av Imodium og Deet myggspray, middel mot kløe, antibac, solkrem og tørrmat fordi jeg må sikre meg at jeg har det jeg tåler av mat hvis jeg ikke får det til alle måltider når jeg kommer frem. Jeg har registrert reisen på Regjeringen.no, lest meg opp på forholdene i Tanzania og hva man bør være oppmerksom på. Jeg har fått legeattest på at jeg må ha med tørrmat, jeg har sjekket at jeg har riktig adapter til strøm, jeg har lånt kikkert til safari, vurdert nytt kamera eller objektiv, men endte med å kun ta med mobilen som kamera. Det er bedre enn mitt gamle speilløse Sony fra 2013, ifølge de på Japan Photo. Så mye å tenke på, så mye å ordne. Tanzania er noe helt annet enn en ukes tur til Spania eller Hellas. Også passet er sjekket, det er fortsatt gyldig et par år, og bankkortene er åpne for Afrika.

Det gjenstår bare pakking, men det meste er klart. Klær er vasket, Kindelen ligger på lading, papirbøker skal også med og de er plukket frem. Solhatt, mygghatt, skrivesaker og lette klær. Ørepropper, sovemaske. Det skal bli bra, jeg har kontroll. Visum og dollar ordnes på flyplassen.

Flyskrekken ligger latent, vi får håpe på bra flyvær. Men nå begynner jeg også å glede meg. Forventninger er en del av reisen.

Ikke alle reiser krever så mye planlegging og forberedelser som en tur til Tanzania som jeg skrev om over her, men alle turer krever noe. Ta utgangspunkt i hvor du skal og hvordan dine preferanser, helse og økonomi er. Skal du ut av Norge, må du ha pass. I EU/EØS går det muligens uten, men min erfaring er at de alltid spør om passet siden det kan være den eneste legitimasjonen som godtas enkelte steder.

Hva du vil gjøre på reisen, er også viktig å tenke over. Er strandliv og tilgang til andre nordmenn, butikker og restauranter i nærheten det viktigste? Eller liker du å gå tur, kanskje i fjell og natur? Benytte deg av kultur, som museer, konserter og gallerier? Beliggenhet er viktig. Snakk med folk, og les deg opp. Jeg bestilte et år en tur til Bahía Feliz på Gran Canaria i desember, fordi det var det billigste alternativet. Der viste det seg å være ganske kaldt og vindfullt, og jeg frøs mye. Det var i grunnen ikke verdt det. Samtidig var det en liten plass, og jeg måtte ta buss for å komme meg til steder med flere muligheter og mer folk. Aldri mer dit, tenkte jeg, i alle fall ikke midt på vinteren. Det mest solsikre på denne tiden er Puerto Rico og omegn på sørkysten av Gran Canaria. Så tenk nøye gjennom hva som er viktigst for deg når du bestiller deg en reise.

Billettsøk

Forberedelser er alfa og omega. Da jeg var yngre, kunne jeg ta mer på sparket. Nå bruker jeg mye mer tid på nettet for å sjekke overnatting og stedene jeg skal til før jeg drar. Jeg sjekker forskjellige måter å reise på, pakketurer og flyselskap. Jeg sjekker overnattingsmuligheter, land, distrikt, byer, steder, både når jeg planlegger å reise og når jeg bare skal drømme meg bort. Jeg liker å lese om reiser, og gjennom det oppdager jeg stadig nye destinasjoner jeg fristes å dra til. Noe er for dyrt og urealistisk, annet er gjennomførbart. Jeg setter meg mål, jeg drømmer stort, selv om jeg som regel lander ned på det som er mer i tråd med mine muligheter. Noen reiser forblir en langsiktig drøm, men man vet aldri om den kan bli aktuell senere. Og man kan alltids spare til en tur som koster mye mer. Å ha et langsiktig mål å glede seg til er også en fin ting.

Booking

Planlegging handler om å booke overnatting, bestille fly eller tog, eller finne ruta man skal kjøre med bil. Hvor mye bagasje skal du ha med, skal du bestille mat på flyet eller lounge på flyplassen ved mellomlandinger og flybytter.

Det handler også om hva man skal se og oppleve, hvordan man kommer seg til en destinasjon fra flyplassen eller om det er parkering ved hotellet man skal bo. Man må planlegge hva man skal ha med i kofferten av klær, sko, utstyr, medisiner, mat, bøker og lignende. Hvor lenge skal man være borte, og hva koster det? Hva har man råd til? Det er mye å tenke gjennom. Jeg lager alltid lister over hva jeg må huske på, og krysser av når ting er gjort.

Valg av bosted – hotell, pensjonat eller leilighet?

Foretrekker du leilighet eller hotell? Vandrerhjem eller pensjonat? I Skandinavia velger du kanskje en hytte på en campingplass eller i fjellet? På ukesturer foretrekker jeg leilighet siden jeg da kan lage maten selv. Det sparer jeg en del penger på, og så får jeg laget den maten jeg liker og tåler. På helgeturer kan det være ok med hotell eller pensjonat. Når du søker etter bosted, er det en del viktige ting å tenke på. Sjekk om det er kjøleskap hvis du trenger det. Jeg bruker å ha med noe tørrmat og pålegg som tåler romtemperatur, eller jeg kjøper det når jeg kommer frem.

Hva er budsjettet ditt? Hvordan er beliggenheten på overnattingsstedet? Trenger du å ta hensyn til støy og beliggenhet med tanke på offentlig transport og matbutikker? Sjekk sånne ting. Det er lurt å lese hva tidligere gjester har skrevet om overnattingstedet. Jeg henter mye informasjon fra gjesteanmeldelser, selv om en del må tas med en klype salt. Jeg sjekker også kartet med tanke på beliggenheten. Er du dårlig til beins, er det dumt å bo langt oppe i en åskant i Puerto Rico hvis du ikke har råd til å ta drosje.

Kanskje har du spesielle behov med tanke på komfort? Jeg har som regel bodd ganske rimelig, men i mange land, som Spania og Hellas, har de ganske harde senger. Med alderen har det blitt et problem for meg på grunn av betennelse i hoftene og vond rygg, noe som gjør at jeg sover dårlig på harde madrasser. Jeg følger med på tilbud, og har noen ganger bestilt dyrere hotell med bedre madrasser. Ellers har jeg lært meg å be om en ekstra madrass eller dyner og tepper til å legge på madrassen. Jeg kjenner også folk som tar med seg egen overmadrass. Å få ødelagt nattesøvnen kan ødelegge mange dager av ferien, så dette er også noe som er viktig å tenke over når man bestiller overnatting.

Booking av overnatting

Når jeg reiser alene til utlandet, bruker jeg ofte Booking. com når jeg søker overnatting. Jeg er stort sett fornøyd med dem. Det finnes flere slike nettsteder, som Hotels. com, Finn.no Airbnb. Du kan også bestille direkte hos hoteller, vandrerhjem, pensjonater og lignende. Enhver må finne det som passer en selv. Det kan være lurt å sjekke flere nettsteder for å sammenligne priser og om siden er

brukervennlig og tilbyr det du er ute etter. Det tar tid å sjekke rundt, men det er verdt det. Jeg føler meg ofte som mitt eget reisebyrå når jeg skal ut å reise. Og det er jeg vel også. Du kan også velge å bruke et profesjonelt reisebyrå som ordner reisen for deg, men det må du selvsagt betale ekstra for.

Mange av disse tjenestene har også mobilapper. Sjekk prisene både på mobilappen og på nettsiden. Min erfaring er at det også mellom apper og nettside kan variere i pris. Booking.com opererer også med fordelsrabatter hvis man har brukt dem flere ganger. De er dessuten ganske informative når det gjelder fasiliteter, bilder og lignende. Les også hva gjestene har skrevet. Er støy en faktor du vil unngå, så les hva gjestene sier om det. Er beliggenhet viktig, studer bildene. Hvor langt er det fra sentrum, strand, offentlig transport, flyplassen og lignende? Hva er med av utstyr i leiligheten, hva med innsjekkingstid og utsjekk? Tilbyr de transport til og fra flyplassen hvis du trenger det? Hva med heis? Jeg har bodd på en del hotell/leilighetshotell uten heis, og det er ganske trasig hvis man har med seg en tung koffert og sliter med å bære den opp masse trapper. Spesielt i gamlebyer i Europa finner man hotell og Apartments uten heis. Hva er viktig for deg? Det bør man finne ut av før man bestiller overnatting. Du kan legge inn søkekriterier for det du vil ha, noe som gjør søket enklere.

Du trenger ikke å ordne alt med reisen selv hvis det høres krevende ut. Pakketur/charter kan være er bra alternativ. Noen ganger er pakketur veldig greit, andre ganger får man flere muligheter ved å legge opp reisen selv. Det kan være billigere også, men ikke nødvendigvis. Du kan som nevnt også bruke reisebyrå for å ordne reisen.

Bestilling av fly, tog, buss og transfer

I Europa, unntatt Norge, er det for meg primært fly som gjelder. Jeg har hatt begrenset med ferie som alle andre, og ønsker ikke å bruke massevis av feriedager på reise. Er man pensjonist, kan man velge tog eller buss, for da har man som regel bedre tid. Jeg ser heller ikke bort fra at tog blir mer aktuelt i årene fremover på grunn av miljøhensyn og prisøkning. Å reise i Europa med tog skal være ganske enkelt, men det er en del å finne ut av. Det er mange selskap og forskjellige typer tog og prisnivå. Jeg har reist med hurtigtog i Italia, og det fungerte fint. Da dro jeg fra Firenze til Venezia og derfra til Roma. Togene er fine, og det går veldig fort. Vil man se mer av landskapet, kan man ta mer saktegående tog. Det gjorde jeg fra Firenze til Pisa og tilbake. Tog kan også være aktuelt til og fra flyplasser til din destinasjon og mellom byer. Det finnes flere bøker om å reise med tog. Dette er et område man bør sette seg godt inn i før man legger ut på en lengre togreise.

Tips til bøker om å reise med tog:

Ferie med tog – reiseglede langs skinnene av Sigrid Elsrud, hun har også en blogg som kalles *Togbloggen*

Togreiser – seks reiseruter i Norden, Europa og Asia av Håvard Rem

Togferie til Sør-Europa av Kristian Skjellum Aas

Når jeg bestiller flyreise, bestiller jeg direkte hos flyselskapet. Tidligere brukte jeg også Momondo, en søkemotor for flyreiser, men Finn.no og Expedia kan også brukes. Momondo brukte jeg året jeg reiste rundt i fire måneder og dro til Sør-Amerika. Det kan være lurt å være oppmerksom på at enkelte har opplevd problemer når de har kjøpt billetter via en tredjepart og det har blitt forsinkelser og kanselleringer. Sjekk også om flygningen har flere mellomlandinger og hvor lang tid det er mellom flygningene. Om en billett ser billig ut, kan det fort bli dyrt hvis man må sitte i timevis på en flyplass og vente på neste fly. Man må jo ha mat og drikke også, som er ganske dyrt på flyplasser.

Ei jeg kjenner tapte en gang 13 000 kroner på kansellerte fly gjennom tredjepart. Dette var ikke noe forsikringsselskapet dekket. Hun hadde også booket hotell uten avbestillingsfrist, og hele reisen gikk i vasken sammen med pengene hun tapte. Man bør selvsagt klage til tredjepartsbyrået, men erfaringsmessig kan det ta sin tid, og det kan bli en kamp noen dessverre ikke orker å ta. Er det et flyselskap jeg kjenner, bestiller jeg alltid direkte selv om jeg må betale litt mer. I Europa har jeg som regel reist med SAS, Norwegian eller KLM, og i Spania med Vueling.

Jeg følger med på tilbud og salg, har meldt meg på nyhetsbrev, og jeg er ofte rask med å bestille hvis jeg vet jeg skal et sted i nærmeste fremtid. Andre ganger venter jeg med å bestille til det dukker opp salg. Flyselskapene har salg og tilbud flere ganger i året. Noen ganger har de også dagtilbud. Ved gode tilbud har det hendt at jeg har bestilt tur til en destinasjon jeg ikke har besøkt før. Jeg fikk meg rimelige turer til Krakow og Berlin for noen år siden på denne måten. Jeg benyttet sjansen til å besøke disse flotte byene når det var så billig. Slik kan man få seg noen herlige storbyopplevelser.

Om jeg booker flyreisen eller overnatting først, kan variere. Noen ganger booker jeg fly eller tog først og overnatting etterpå, andre ganger omvendt. Hvis flybilletten er kjøpt først, så blir neste steg å booke overnatting, planlegge hva jeg vil se, skaffe meg kart eller en turguide og begynne å glede meg. De fleste bruker nettet i dag, men jeg foretrekker papirkart eller en guide, som jeg synes er mer oversiktlig når jeg reiser.

Skjønt turguider i papir får man nesten ikke tak i lenger, i alle fall ikke på norsk. Da kan biblioteket være et godt sted å besøke, for de har turguider man kan låne. Ellers er nettstedet eller appen TripAdvisor fin å bruke til alt mulig av severdigheter, spisesteder og lignende.

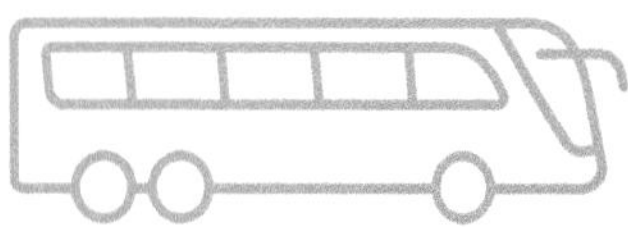

Transfer – reisen fra flyplassen eller jernbanen til bostedet

Fra flyplassen skal man jo som regel videre. Det rimeligste er å ta tog eller vanlig buss. Det er lurt å på forhånd sjekke opp hvilke forbindelser som er tilgjengelig. Hvor ofte går transporten, hva koster det, hvordan kjøper man billett?

Har man råd, kan man leie seg sjåfør eller ta taxi.

Noen steder finnes det egne firma som selger transport fra og til flyplassen. De finner man som regel ved å søke på nettet eller spørre i reisegrupper på Facebook. Man kan for eksempel søke på transport fra flyplassen til destinasjonen man skal til.

Jeg har reist en del med en charteroperatør til Gran Canaria og Kreta. Det er i grunnen ganske greit. Noen ganger velger jeg transfer, det vil si en buss som reiseselskapet tilbyr mot ekstra kostnad direkte til bostedet, siden jeg synes det å få skyss til døra er kjekt – særlig i mørket på kveldstid eller når det er en del bakker eller et stykke unna kollektivtransport. Andre ganger tar jeg lokalbuss fra flyplassen til stedet jeg skal bo. Det kommer helt an på hvor jeg skal, hvor godt kjent jeg er og når på døgnet det er. Ulempen er at det kan ta lenger tid. Fordelen er at man sparer en del penger ved å bruke lokalbuss, penger jeg i stedet kan bruke på å gå ut og spise.

Mange tenker at når de reiser på ferie, så skal det ikke spares på noe. Sånn kan ikke jeg tenke, hvis jeg skal ha råd til å reise så mye som jeg gjør. Jeg må tenke gjennom hva jeg ønsker å bruke penger på og hva jeg kan spare inn på. Men det kan godt hende at du er i en helt annen økonomisk situasjon. Da kan drosje være et alternativ. Da kan det være lurt å sjekke om drosjen er en seriøs aktør. Ikke gjør som meg i Roma, der jeg opplevde å ta den første som tilbød skyss der jeg sto på jernbanestasjonen og skulle til et hotell i bydelen Trastevere. Det var et mylder av drosjer, trafikk og støy. Jeg var forvirret nok som det var, om jeg ikke skulle sjekke hvem som var seriøse eller ikke. Etter en drosjetur i rasende fart på kryss og tvers i filene, med brå forbikjøringer og halsbrekkende manøvrer i en sliten, gammel bil, var jeg ganske sikker på at jeg hadde praiet en pirattaxi. Aldri mer, tenkte jeg. Etterpå var jeg takknemlig for å ha overlevd den nervepirrende bilturen.

Lag lister og sett deg mål

Jeg lager meg alltid lister. Lister over hvilke land og steder jeg vil søke på. Lister over flyselskap og andre kommunikasjonsmidler som er aktuelle. Pakkelister og lister over hva jeg skal se og oppleve. Å ha en plan er viktig for meg. Hvis jeg skal ta alt på sparket, koker det lettere bort i kålen. Jeg vil ikke ha fastspikret program hver dag, men jeg setter meg noen mål – både mål for dagen og perioden jeg er på stedet. Kanskje bestiller jeg et par utflukter på forhånd eller når jeg kommer frem. Da vurderer jeg det når jeg kommer frem og får orientert meg litt. Jeg bestemmer meg for at den dagen skal jeg på stranda, den andre dagen på museum, den tredje på shopping og lignende. Nå for tiden må jeg ikke pakke inn for mye program, jeg trenger mye slakk og kan ikke proppe dagene fulle. Én ting hver dag er greit å ha som et mål. I alle fall vil jeg ha en spasertur hver dag, kort eller lang, det spiller ingen rolle. Formen må være med på å bestemme. Kroppen må spille på lag, noe den ikke alltid gjør. Jeg liker å sette meg dagsmål og ukesmål for hva jeg vil se og gjøre. Jeg lager lister for det også. Da er det lettere at det jeg ønsker å gjøre blir gjennomført.

Jeg får ofte kommentarer fra folk som synes jeg får med meg mye når jeg er ute og reiser. Svaret mitt er god planlegging og nok hvile og slakk. Kanskje du er typen til å ta det mer på sparket eller ønsker å se mest mulig på én dag. Finn ut hva som passer for deg og hvor du har dine grenser. Mitt råd er uansett å ikke planlegge for mye på samme dag.

Pakking

Når det gjelder pakking, så har jeg i mange år hatt en ambisjon om å reise lett. Men det er sannelig ikke enkelt. Hvordan får menn det til? Det er for meg et mysterium. Toalettmappa til min voksne sønn er like tung som min, men han reiser med mindre bag eller mindre koffert til klær, sko og ladere.

Jeg har alltid med meg en del bøker, alt etter hvor lenge jeg skal være borte. Å bestemme meg for hvilke bøker som skal med er noe jeg bruker lang tid på. Jeg lager en stabel minst en uke i forkant, bytter ut og finner nye. Som regel tar jeg med pocketbøker og bøker jeg kan legge igjen. Du vil kanskje ta med mer sko og klær enn det jeg gjør. Det er en kunst å pakke uansett hva man ønsker å ha med seg. Viktig her er også å skrive en liste og tenke over hva man ønsker å ta med, hva man trenger å ta med. Jeg tar frem det jeg ønsker å ta med, ser over, velger bort noe, kanskje bytter jeg om klær og bøker noen ganger. Husk også å sjekke været der du skal. Er det meldt regn og litt kaldt, er det lurt å ta med seg varme klær og kanskje en paraply. Skal du gå mye, ta med gode sko. Er det meldt knallvarmt, trengs det mest lette klær. Ta med lettstelte klær, eller reisestrykejern hvis du bruker å stryke klær.

Noe vaskemiddel til å skylle opp klær er det også lurt å ta med. Trenger du å ta med noe mat? Kaffe? Medisin? En treningsstrikk? Sørg også for å ha noe plass i kofferten til det du eventuelt vil kjøpe med deg når du reiser hjem. Jeg handler ikke lenger så mye når jeg reiser, bortsett fra for eksempel litt olivenolje i Hellas, skinke i Spania, noen naturlige hudpleieprodukter og ellers noen smågaver til de hjemme.

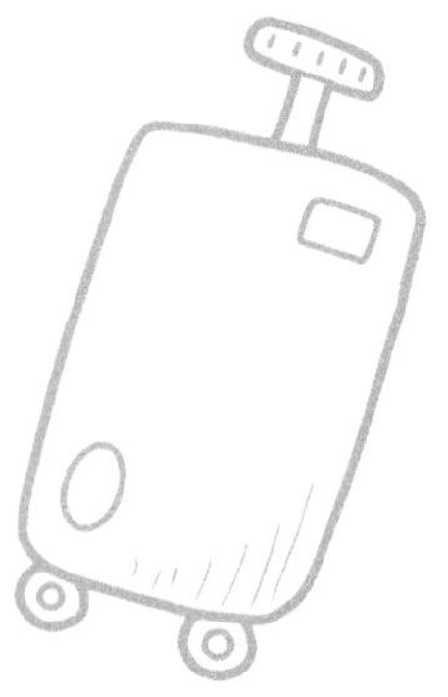

Det er stor forskjell på om man skal på en helgetur, ukestur eller være borte lengre. Hvor man skal, betyr også mye for pakking. Jeg pakker annerledes til en fjelltur enn til en helg i Berlin. Man kan tro at det er en selvfølge, men det er ikke sikkert alle tenker like nøye over det. Jeg har sett utenlandske turister gå i tynne flip-flops på Besseggen og med høyhælte sko til Snøhetta. Det rister vi nordmenn på hodet av, men kanskje kan vi være like korttenkte selv når vi er i utlandet.

Jeg har kofferter i tre størrelser – en til helgetur, en til ukestur og en for å være lenge borte eller hvis jeg skal ha med meg noe stort. Den største hadde jeg til den lange reisen min, som varte i fire måneder. Jeg bruker den også når jeg reiser nordover til familie og barnebarn i jula, for da skal mange julegaver være med. Eller da jeg var på Gran Canaria på en yogareise, og ville ha med egen yogamatte.

Det finnes også pakkekuber og vakuumposer som man kan pakke klærne i. De kan man kjøpe på nett eller i reisebutikker. Med dem kan du få utnyttet plassen i kofferten eller sekken og lettere organisere tingene dine. Bruk også hulrom i bagasjen eller sko og annet med luftrom for å utnytte plassen. Selv kan jeg putte sokker og småting i slike små luftlommer og på sidene i kofferten. Det hjelper også å rulle klærne eller legge dem flatt i kofferten.

Ellers prøver jeg å pakke så lett som mulig, noe jeg ikke synes er enkelt. Jeg øver meg stadig vekk. Stort sett blir min koffert på en ukestur til Spania eller Hellas om lag tretten kilo. Det er ikke så verst. Jeg veier kofferten hjemme før jeg reiser, og har med en liten bagasjevekt. Det er surt å måtte betale for overvekt, noe jeg har opplevd.

På korte turer har jeg prøvd å reise med kun den håndbagasjen som er inkludert på billigste billett, såkalt veske/sekk under setet. For meg blir det litt lite, men det er mulig hvis man bare skal være borte et døgn eller to. Det er viktig å sjekke flyselskapets regler for bagasje og håndbagasje. Det har blitt mer vanlig med kontroller. En helg jeg skulle reise fra Trondheim til Oslo, reiste jeg med en sekk under setet som jeg visste var litt for stor i forhold til målene til flyselskapet – og da ble det selvsagt kontroll. Å nei, tenkte jeg, typisk. Gjett om jeg var nervøs da jeg så den lange køen foran oss som ikke hadde kjøpt ekstra bagasjeplass. Jeg håpet at det at jeg ikke hadde stappet sekken full slik at den kunne klemmes sammen for å få plass i målet, ville hjelpe. Det hadde jeg målt opp på forhånd, og tok sjansen. Men hvor strenge de er, var jeg ikke helt sikker på. Flere foran meg kom med små kofferter, en sekk og en bag. De ble stoppet og måtte betale for bagasjen og gebyr. Heldigvis slapp jeg, siden det gikk fint å klemme sammen sekken nedi den tralla de måler håndbagasjen i. Men at jeg var nervøs en stund, det er sikkert.

En annen ting å være oppmerksom på, er at de forskjellige flyselskapene også har ulike regler for hvor mange kilo man kan ha med i et kolli innsjekket bagasje. Sjekk både priser, mål og kilo man kan ha med på de forskjellige alternativene man kan få når det gjelder bagasje. Vær heller ikke den personen som tar med for mye gjennom sikkerhetskontrollen, noe som sinker hele køen. Finnes det noe mer irriterende? Alle kan være uheldige og ta med noe feil fordi man har glemt å sjekke hva som ligger i sekken fra før, for eksempel å glemme å ta ut noe flytende. Men å ikke sjekke reglene og ta med bevisst for mye, som flere poser med kosmetikk, går unødig ut over andre passasjerer.

Skriv pakkeliste/huskeliste

Jeg skriver alltid pakkeliste. Der skal det viktigste stå først, og så noterer jeg hvor mange plagg og sko jeg skal ha med etter det. Min liste for en ukestur til Rhodos kan se slik ut:

- Pass
- Helsekort/trygdekort EU
- Billetter (Sjekk referansenummer, avgang, oppmøte på flyplass. Har jeg billetten på mobilen, noter referansenummer og tidspunkt i en egen notatapp på mobilen, og legg boardingkortet i wallets/lommebok slik at den blir lett tilgjengelig uten nettilgang.)
- Bestill transfer, sjekk når jeg må dra hjemmefra, legg inn god tid
- Bøker, eventuell reiseguide/fotturguide
- Notatbok, penn
- Ørepropper
- Sovemaske
- Brisk knekkebrød 1–2 pakker
- Liten lommekniv
- Vinåpner
- Medisiner
- Kosttilskudd
- Solkrem/aftersun
- Compeed/gnagsårplaster

- Plastposer til mat, kremer og skittentøy
- Kvernet kaffe og liten presskanne
- Eteriske oljer – lavendel, Frankincense, blanding for slitne føtter
- Liten aromalampe og telys (kan også kjøpes)
- Sandaler
- Bikini
- Sarong
- 5 singleter/3 T-skjorter
- 1 kjole
- 2 bukser/shorts
- 1 skjorte
- 2 bluser
- 1 genser
- Solhatt/caps
- Joggesko
- Myggmiddel hvis det er myggsesong
- Toalettartikler – små flasker/krukker med kremer og sjampo
- Sminkesaker

I sekken jeg reiser med har jeg følgende:
Bok, Kindle, laptop, ørepropper, sovemaske, nakkepute, antibac, headsett til mobilen for å høre på musikk, nøtter, tom vannflaske til å fylle opp på flyplassen, ladere.

Som du ser, har jeg ikke med så mye klær. Erfaringsmessig bruker jeg aldri alle klærne, men man må ta høyde for forskjellige typer vær. Hvis man går tom for rene klær, kan man skylle opp noe underveis eller levere til vask. Blir det krise hvis man har glemt noe, kan man alltids kjøpe det.

Når jeg har funnet frem tingene jeg skal pakke ned, går jeg gjennom på nytt og sjekker om det er noe som må ut eller noe som mangler. Ofte drar jeg frem mer klær enn jeg tar med. Gjenkjennbart?

Shopping

I Hellas og Spania kjøper jeg ofte med meg økologisk hudpleie av merker jeg liker godt og som jeg har kjøpt i mange år. Det hender også jeg kjøper med meg krydder, olivenolje, oliven, spansk spekepølse og sånne ting. Men siden det veier litt, må man vurdere om det lønner seg. Jeg har ellers sluttet å handle så mye når jeg reiser. Ofte har jeg kommet hjem med ting som ser fint ut i utlandet, men ikke hjemme. Hvem har vel ikke kjøpt en CD fra de dyktige musikantene som man så på et hyggelig show eller på et torg? Når du setter den på hjemme, er den ikke fin i det hele tatt. Stemningen er borte. Det samme med klær og puter, ting og tang. Jeg har nettopp solgt unna en del slike ting som har samlet seg opp og som ikke passer inn i min lille leilighet. Bøttehatt fra Peru, en ryggsekk med elefanter på fra Marokko, et stort, nydelig teppe fra Mexico. Rart hva man samler på, hva man kjøper med seg. Jeg sier til meg selv hver gang at jeg ikke skal kjøpe med mer av sånne lokale ting som jeg vet ikke passer hjemme. Men hva skjer på neste reise? Akkurat det samme. Da jeg var i Tanzania, kom jeg hjem med såper av sjøgress laget på den lokale fabrikken – man må jo støtte de lokale, ikke sant? Trefigurer av giraffer og neshorn, salatbestikk og et par vide kjoler, den ene kommer jeg aldri til å bruke, ble også med. Hakuna Matata står skrevet over hele kjolen. Kaffe med tilsatt kryddersmak fra en krydderfarm. Overpriset og fæl på smak. Noe skulle være gaver, men likevel. Kanskje ikke noe bedre, det at de var gaver.

Å planlegge hva man skal kjøpe er ikke alltid like lett, i alle fall ikke hvis man reiser til steder man aldri har vært før. Man blir lett fanget av fristelser og stemningen, men det kan være greit å ha som utgangspunkt at man ikke skal handle så mye hvis det er det man ikke vil. Det er litt kjedelig hvis man kommer hjem med en ekstra stor kredittkortregning på grunn av impulsive innfall. For oss som reiser på budsjett, er det i alle fall noe man kan skjerpe seg på. I alle fall gjelder det meg, selv om jeg i utgangspunktet ikke er noen shopper. De fleste litt opp i årene har jo det meste fra før. Det er veldig greit å spørre seg selv: Trenger jeg dette? Å, men det er så fint, jeg har så lyst på det. Men – trenger jeg dette? Svaret vet man.

Reiseforsikring

Forsikring er viktig. Mye kan skje, både før og underveis. Sykdom, tyveri, andre hendelser. Blir du syk i utlandet, kan det fort bli dyrt. I EU/EØS gjelder Helsekortet fra Helfo. Det kan du bestille på nettet. Sørg for å skaffe deg det før du reiser. I andre land kan det koste skjorta hvis du må til lege eller blir innlagt på sykehus, for ikke å snakke om hjemtransport. Reiseforsikring dekker også ran, tyveri og en del andre ting. Les deg opp på forsikringsvilkårene. Forskjellige forsikringsselskap kan dekke forskjellige tap og kan ha forskjellige egenandeler. Tenk over om du skal ha forsikring kun for den enkelte reise eller en helårsforsikring.

Selv har jeg en helårs reiseforsikring, som også gjelder hjemme. Blir jeg frastjålet noe utenfor hjemmet, kan den dekke tapet. Reiseforsikringen dekker også forsinket bagasje. For noen år siden var jeg i Irland med noen venner. Bagasjen kom ikke med flyet til Dublin. Til slutt måtte vi kjøre derfra uten bagasjen. Vi hadde booket hotell i en annen by, og leiebilen sto klar. Forsikringsselskapet dekket heldigvis nødvendige klær og toalettartikler frem til vi fikk bagasjen, som ble ettersendt dit vi var et par dager senere. Bare husk å ringe forsikringsselskapet hvis dette skjer, da overfører de penger til kontoen din.
Tenk også over om du trenger en spesialforsikring for dyre dingser, for eksempel et kostbart kamerautstyr.

Gjennomføring av reisen

Ja, så er det bare å reise, da. Antagelig ikke uten spenning, men du har gjort dine forberedelser så godt du kan.

Jeg elsker den følelsen når jeg er av gårde. All pakkingen i forkant, alt som må gjøres, alt som må tenkes på før jeg er på flyplassen. Det å drasse på kofferten, av og på toget eller bussen, inn terminalen på flyplassen, gjennom sikkerhetskontrollen, stå i kø – det kan være stressende. Det innrømmer jeg glatt. I sikkerhetskontrollen har det hendt noen ganger at de skal sjekke sekken min og ta rutinesjekk med kroppsskanning. Sekken min inneholder mye rart, den bruker jeg ellers også. Noen ganger har jeg for eksempel glemt å ta ut lommekniven, og da vil de sjekke hva som slår ut.

Dette er stressende, særlig hvis man har litt knapt med tid. Et par ganger har jeg fått lov til å springe gjennom sikkerhetskontrollen, ned i ankomsthallen for å kjøpe konvolutt og frimerker og sende kniven hjem til meg selv. Den siste gangen måtte jeg gi tapt, siden det ble for dårlig tid. Shit happens, man må regne med litt svinn, som det heter. Jeg ble lei meg, for dette var en fin liten lommekniv fra OL i Lillehammer som jeg hadde vunnet i et sykkelløp.

Når jeg kommer innenfor sikkerhetskontrollen, slapper jeg av og senker skuldrene. Da liker jeg å ha god tid, kjøpe meg kaffe eller annet å drikke, kanskje spise litt. Det spørs hvor jeg skal og hvor langt jeg skal reise. Jeg liker å sitte på flyplassen, det har en egen stemning. Folk er forventningsfulle, eller kanskje skal de bare hjem eller på en jobbtur. Når jeg er her, har reisen begynt for min del. Jeg liker meg også godt om bord i flyet, hvis det er bra flyvær, vel å merke. Å se de flotte skyene under flyet, som varierer i form, soloppgang, solnedgang, er utrolig fint. Fjellene, fjordene, byene man ser når man går inn for landing, bygninger som blir større og større. Det blå havet, solsvidde åkre, og omsider rullebanen. Jeg liker meg derimot ikke i turbulent og dårlig vær, noe man ikke kan styre. Å ha med noen hjelpemidler er bra. Musikk på øret, meditasjonsfiler og en film man har lastet ned, Bach Rescue Remedy (blomstermedisin), en spennende bok. Å bruke enkle pusteøvelser kan også hjelpe meg. Finn ut hva som passer for deg. Kanskje du kan lage deg en egen spilleliste som beroliger ved uro?

Tips hvis du lider av flyskrekk

- Musikk som roer deg ned på en flytur
- Lage spilleliste på mobilen, husk at den skal være offline
- Meditasjonsfiler på mobilen
- En god film eller serie man har lastet ned
- Enkle pusteøvelser, puste rolig dypt i magen
- En spennende bok
- Bachs Rescue Remedy (fås på apotek og helsekost)
- Ha noen å holde i hånda
- Snakk med flyverten på forhånd, så de vet at du er nervøs og kan hjelpe deg å roe ned
- Skrive av deg følelser i notat på mobilen eller i en notatbok
- Lær deg EFT/TFT (tankefeltterapi) eller oppsøk en profesjonell som kan instruere deg. Det finnes også kurs for å lære seg dette. Selvhypnose kan også hjelpe, noe man kan lære på kurs eller hos en hypnoterapeut.

Kapittel 5

På reisen steg for steg

Spise ute

Mange jeg har snakket med, synes tanken på å gå ut og spise alene er det verste. Dette er noe de kvier seg for, noe som kan bli en hindring for å reise.

Er ikke det litt dumt?

Man kan finne mange hindre for å la være å gjøre det man virkelig vil. Å ikke ha noen å dra på reise med, hindrer altfor mange i å gjøre det de har veldig lyst til. Det er kun du som vet hva som stopper deg. Kan du gjøre noe med det? Vet du hva det handler om? Er det kanskje frykt for ensomhet? For kjedsomhet? For å bli ranet? Løsningen er å jobbe med disse følelsene og tankene som ubevisst eller bevisst styrer deg. Jeg skal ikke gå mer inn på det nå, men det finnes både egne bøker, selvutviklingskurs, psykologer, terapeuter og coacher som kan hjelpe deg med dette. Bakerst i denne boka har jeg en liste med tips til bøker og nettsider som kan være nyttige.

I starten syntes også jeg det var vanskelig å gå ut og spise middag alene. Jeg følte meg beglodd, jeg følte at andre lurte på hvorfor jeg var alene, at det så ensomt ut. Det er lett å bli veldig selvbevisst i en slik situasjon. Jeg måtte lære meg å skifte fokus, og fant en del triks som gjorde det lettere å gå ut alene. I Norge synes jeg ikke det er noe problem å gå for eksempel på kafe, så hvorfor skal det være så mye vanskeligere når jeg er ute og reiser? Det skal sies at det å gå på kafe alene er mye lettere for meg enn å gå på restaurant eller bar alene. Det ligger noen andre forventninger i det å gå ut og spise. Det er forbundet med å være sammen med andre og kose seg. I dag ser jeg at langt flere reiser alene og langt flere spiser ute alene. Hvorfor skulle ikke også det gjenspeile samfunnet, at vi faktisk er veldig mange som bor alene. Ifølge Statistisk sentralbyrå lever over én million nordmenn alene. I 2022 bodde hver femte nordmann alene. I tillegg har du de som liker å reise alene som ikke bor alene, og de som er på jobboppdrag og lignende. Det er mest i hodet det sitter, at man blir beglodd og at folk synes synd på deg. I alle fall i hovedsak, selv om det finnes folk som også glor. Jeg glor på folk, jeg også. Det er helt normalt, og det trenger ikke være noe negativt i det.

Jeg har også opplevd å få dårligere service når jeg har gått ut alene, dårligere bord og plassering enn par eller grupper får. Sistnevnte har provosert meg. Det merker jeg er annerledes nå, men det skjer fortsatt noen steder.

Som nevnt fant jeg noen triks som gjorde det lettere. Jeg begynte å gå ut på litt andre tidspunkter enn når folk flest var ute, som regel tidligere på kveldene. Jeg så også veldig an plassene jeg gikk på. Slik lærte jeg hva som fungerte best for meg. I dag gjør det meg ingenting å gå ut og spise alene. Jeg har ofte med meg en bok som jeg kan lese i. Hvis jeg oppdager at folk glor, glor jeg tilbake. Gjerne med et smil. Mobilen kan også være en god venn å ha. Jeg legger ofte ut bilder på Facebook eller Instagram mens jeg venter på maten. Eller så sitter jeg bare og tar inn stemningen av lyder og lukt.

Noen ganger tenker jeg at spisestedene kunne hatt langbord eller bord hvor alenereisende kunne sette seg sammen med andre likesinnede. Hadde ikke det vært fint? For de som ønsker det, altså. Jeg har opplevd at noen hoteller i Oslo har det, og det er veldig koselig. Noen hoteller har kveldsmat inkludert i prisen, med langbord eller større bord man kan sette seg ved. En gang jeg var på et slikt hotell, satt det et amerikansk ektepar ved bordet. Så kom jeg og deretter en ung mann. Paret var veldig nysgjerrig på oss, vi etter hvert på dem og reisen de var på. Vi fikk en hyggelig prat. I utlandet er det ganske lett å komme i prat med folk, men her hjemme er vi nok litt mer reserverte. Skjønt, jeg synes det har bedret seg med årene, eller så er det jeg som har blitt mer åpen. Kanskje begge deler.

Et annet tips er å bo i leilighet, for da kan man lage seg mat selv. Man må ikke gå ut og spise. Man kan også kjøpe takeaway og ta med på rommet. Jeg liker å bo i leilighet, for da kan jeg både gå ut og spise og lage mat selv. Jeg blir også lei av å gå ut og spise lunsj og middag hver dag, og i tillegg blir det fort dyrt.

Sosialt liv

Er du redd for at du vil føle deg ensom når du skal reise alene? Det er helt normalt å føle seg litt ensom til tider når man er ute og reiser. Det er mye man kan gjøre selv for å ikke føle seg så alene, og man kan ikke forvente at andre tar kontakt. Du kan velge å dra på utflukter, melde deg inn i aktuelle grupper på Facebook for de som reiser dit du skal eller på sosiale sammenkomster og lignende. Den norske sjømannskirken har som tidligere nevnt base i mange land. De har ofte arrangementer. Se etter oppslag på butikker, kjøpesenter, restauranter, puber og i hotellresepsjoner.

Det er naturlig at man kan kjenne på ensomhet når man reiser alene. Man kan savne noen å snakke med eller noen å spise sammen med. Dette synes jeg var vanskeligst i starten da jeg begynte å reise alene. Nå er det sjelden jeg føler meg ensom. Jeg vet at det er helt opp til meg selv om jeg vil delta i noe sosialt eller ikke. Egentlig er jeg både introvert og sosial, men jeg trenger ikke å være sosial så ofte. Noen ganger melder jeg meg på utflukter, mest for å få sett meg omkring, men også for å komme i kontakt med andre. Noen utflukter er lagt opp til å være sosiale, som matkvelder, vinsmaking og lignende. Det er ingen garanti for å bli kjent med folk, men man kan ha en hyggelig stund der og da. Først og fremst må man selv tørre å snakke med de andre. På gresk aften på Kreta hadde jeg en veldig hyggelig opplevelse med dansker og svensker ved bordet mitt. Vi ble etter hvert en lystig gjeng. Det finske paret som også satt ved bordet sammen med oss, ble dessverre litt utenfor siden de verken snakket engelsk eller svensk. Men skåle kunne de. Hyggelig sosialt samvær har jeg opplevd på flere reiser. Noen ganger ønsker par å holde seg for seg selv, og man kan føle at man trenger seg på. Det enkleste er å finne andre som også er alene, og sette seg sammen med dem.

På Kanariøyene, i Sør-Spania, på Kreta, Rhodos og sikkert mange andre steder finnes det flere arrangementer for nordmenn. Man kan bli med på turer som arrangeres, som Tjukkasgjengen som jeg har nevnt tidligere. På Facebook finnes det flere grupper der man kan finne informasjon om tilbud. Der er det også mange alenereisende som søker selskap over en kopp kaffe, middag eller lignende.

Internett og sosiale medier gjør det mye enklere å finne noen å treffe. Jeg bruker å legge ut på Facebook at jeg er ute og reiser. I Spania, på Kreta og Rhodos, som er steder jeg ofte har reist til, får jeg veldig ofte kommentarer fra andre jeg kjenner som er der samtidig. Det hender vi avtaler å treffes, noe som alltid er like hyggelig. Nøkkelen er å tørre å være åpen, og da er sjansen mye større for at det blir som man ønsker.

Et godt tips er å ta med deg en god bok når du er ute. Med en bok føler jeg meg aldri alene når jeg er ute på spisesteder, kafeer og lignende.

Tips

- Bruk Facebook aktivt. Søk opp grupper som for eksempel Nordmenn på Costa Blanca, i Las Palmas, på Kreta, på Rhodos. Det finnes også interessegrupper for nordmenn som liker å gå tur, som reiser alene og mye annet.
- Finn sosiale sammenkomster på steder som Sjømannskirken, barer, kafeer og andre steder der de har arrangementer. Sjekk oppslagstavler på butikker og andre steder.
- Meld deg på utflukter.
- Ta med deg en god bok.
- Gå på tur.

Kosthold

Har du et spesielt kosthold og hensyn du må ta? Da er det en del man må tenke på og planlegge for hvis man skal ut og reise. Er du en av mange i dag som har behov for et tilpasset kosthold? Kanskje tåler du ikke gluten, har laktoseintoleranse, melkeallergi eller andre utfordringer, eller er veganer eller vegetarianer.

Selv sliter jeg som nevnt med noen helseplager, og la om kostholdet for noen år siden etter anbefaling fra lege og helsecoach. Jeg ble anbefalt å gå over til et moderat lavkarbo kosthold, og kutte ut sukker, gluten og melkeprotein en periode. Jeg tok også en del kosttilskudd i starten av denne perioden. Det ble plutselig mye mer pakking og styr med mat når jeg skulle ut og reise og mye mer planlegging som jeg tidligere hadde sluppet. Men det var ikke verre enn at det gikk ganske fint, avhengig av hvilket land og hvilket sted jeg reiste til. Det handler om å skifte fokus, og huske hvorfor man faktisk gjør dette og at man blir dårlig av å ikke ta nødvendige hensyn. I starten var det så mange hensyn å ta, og jeg leste menyer med lupe før jeg bestemte meg for å spise ute. Menyer kan man ofte finne på nettet, slik at man kan sjekke på forhånd, men ikke alltid. Kanskje har du andre utfordringer med kosthold og helse? Ikke la det begrense deg, men tenk gjennom hvordan du kan tilrettelegge best mulig for deg selv. Dette handler også om planlegging.

Siden jeg som regel har leilighet når jeg reiser utenlands, er det enkelt å lage mat selv. Jeg kjøper inn det jeg trenger til frokost, litt middag/lunsj og kveldsmat når jeg kommer frem. Jeg spiser fortsatt ikke mat med gluten, og jeg har alltid med meg glutenfrie knekkebrød når jeg reiser, siden jeg ikke vet om jeg får kjøpt det der jeg skal. I Tanzania visste jeg ikke om jeg kunne få tak i pålegg, ikke hadde jeg kjøleskap på rommet heller, så da tok jeg med noe makrell i tomat og leverpostei i porsjonspakninger. Jeg fikk tips fra en lavkarbogruppe på Facebook. Du er kanskje medlem av slike grupper der du kan spørre om råd. Igjen, bruk Facebook og nettet for alt det er verdt. Folk vil gjerne hjelpe. I Europa får man som regel kjøpt det man trenger. Skal jeg bo på hotell, er det fint å ha kjøleskap, men det har de ikke overalt. Spekeskinke, tubeost og lignende kan holde et par dager i romtemperatur. Man kan også ta med seg noe fra frokosten som holder seg i romtemperatur i noen timer.

Jeg har sett på noen Facebook-grupper at en del mennesker søker etter butikker og spisesteder hvor de kan få tak i spesialkost, som glutenfritt, vegansk, lavkarbo eller annet. Det kan være lurt å spørre andre i slike forumer om det man lurer på.

Mange steder er det nå vanlig å markere i menyen hva rettene inneholder, som laktose, gluten og andre ingredienser man kan være allergiske eller intolerante mot. Er man alene, kan man velge og vrake i steder å spise og blant retter på menyen. Det går som regel også fint å spørre om tilpasninger til en rett. De fleste er positive til det. Hvis ikke, gå et annet sted.

Spania og Hellas er enkle land å reise til når det gjelder mat. I Berlin serveres frokost, kalt Frühstück, til klokka 16.00 på enkelte steder, med egne frokostmenyer tilgjengelig. Jeg har aldri spist så mange gode eggeretter som i Berlin – ideelt for lavkarbofolk og B-mennesker.

Jeg er ikke fanatisk eller har matallergier, så om jeg skeier ut litt en gang i blant, går det som regel bra. Jeg har lært meg hvor grensene mine går. Man må være pragmatisk. Det hender jeg spiser en dessert, men for eksempel bare halvparten.

Flymat er et kapittel for seg. Jeg synes ofte det er greit å forhåndsbestille mat når jeg reiser. Jeg har prøvd meg på både diabetesmat og glutenfritt, men det blir kompromisser med det jeg kan spise. En del av det som er i måltidet spiser jeg ikke, men da kan jeg for eksempel spise bare kyllingfileten og salaten. Det handler om å finne løsninger. Å bare spise medbrakt knekkebrød synes jeg blir ganske kjedelig på en lang flytur. Noen flyselskap i Europa har tapasbrett eller snacks til salgs på menyen, men å satse på at de har igjen noe som du kan spise når de kommer til deg, kan være litt av en risikosport. Jeg skulle bestille tapas i fjor på vei til Alicante, og da var det utsolgt da flyvertinnen kom til meg. Ergerlig. Noe annet på menyen hadde de ikke som jeg kunne spise uten å risikere magesjau og blodsukkerstigning. Da var det bare å ta frem nøttene, som jeg alltid har med i sekken. Så lenge det er tillatt. Hvis noen har nøtteallergi, kan man ikke spise det. Tips til noe å ha med i sekken kan være snacksgulerøtter, sjokolade, eple eller lignende. Vær oppmerksom på at noen også kan være allergiske mot epler. Flyvertene sier som regel ifra over høyttaleren hvis det er personer med alvorlige allergier om bord. Å ta med noe nødmat, eller ferdamat som jeg kaller det, er alltid lurt, men velg med omhu, og ha gjerne med litt forskjellig.

Språk

Jeg liker som nevnt å farte rundt. Jeg dro en gang til Botanisk hage i Las Palmas med lokalbuss. Sjåføren kunne ikke engelsk, og det ble litt knot før jeg fant riktig buss og kunne gå av på riktig plass. Jeg erfarer fortsatt at sjåfører og en del butikkpersonale ikke snakker engelsk, samt i andre sammenhenger. Men det er utrolig hvordan man kan kommunisere med fakter og enkelte spanske ord. Ute på landsbygda må man alltid være forberedt på at de ikke kan engelsk.

Som tidligere nevnt gikk jeg på meg kneproblemer i Las Palmas. Smerten ble etter hvert såpass sterk at jeg måtte finne et apotek for å skaffe meg en støttestrømpe før jeg ødela meg helt på veien tilbake til hotellet. Man tror kanskje de snakker engelsk i større byer, men det er det ikke sikkert de gjør. Jeg erfarte i alle fall at på apoteket sentralt i Las Palmas kunne de ikke engelsk. Hva gjør man da? Jeg har heldigvis en datter som kan spansk flytende, så jeg meldte henne og hun svarte raskt. Jeg fikk frembrakt mitt ærend til det uforstående apotekpersonalet, og problemet ble løst. Å få på en støttestrømpe, eller kompresjonsstrømper som det heter, hjalp virkelig både på smerten og for å forebygge at det skulle bli verre. Men hva om du ikke er så heldig som meg å ha en spansktalende i familien?

Det går fint å bruke Google Translate på mobilen. Før i tiden gikk vi rundt med små ordbøker, men nå trenger man ikke drasse med seg det.

I 2013 dro jeg til Argentina. Jeg hadde meldt meg på et intensivt spanskkurs i Buenos Aires i to uker. Jeg fikk helt hetta før jeg dro. Jeg tenkte at det der tør jeg aldri. Med modningstid hoppet jeg likevel i det. Å gå på et spanskkurs måtte da være en god idé, tenkte jeg, siden jeg skulle reise litt rundt i landet en periode. Å ta språkkurs er lurt, men min erfaring var at det ble ekstra krevende fordi det gikk på engelsk og spansk. Det er nok lettere å lære seg spansk hjemme, for da slipper man å måtte gå via engelsk. Fordelen er at man er i et spansktalende land og kan lære og øve hver dag. Det er også lurt å ta med en lommeparlør, bruke Google Translate eller lære språket via appen Duolingo, som mange nå gjør. Selv er jeg ikke noe god i spansk, enkelt og greit av den grunn at jeg er for dårlig til å øve. Jeg burde ha gått mer inn for det, siden det som regel er spansktalende land jeg reiser til, spesielt Spania. Men uansett går det greit på en eller annen måte så lenge man er forberedt.

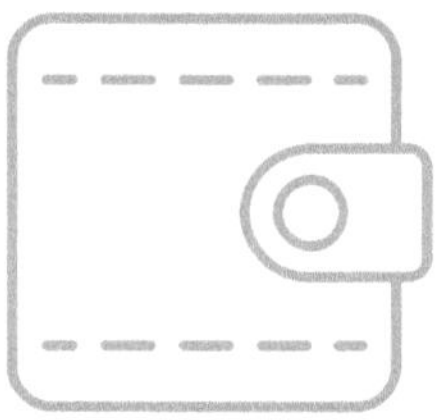

Økonomi

Siden jeg reiser mye og reiser alene, noe som betyr dyrere overnatting, må jeg tenke budsjett. Jeg har heller ikke så høy inntekt, og har en del boliggjeld. I 2013 solgte jeg min treromsleilighet og brukte overskuddet til å reise i fire måneder. Nå har jeg muligheten, tenkte jeg. Jeg visste at jeg måtte kjøpe meg en ny leilighet når jeg kom hjem, og at jeg måtte ned i pris og størrelse. Dette var et bevisst valg jeg gjorde. Vil man gjennomføre en drøm, må man gjøre noen offer. Det handler om prioritering. Jeg bor nå i en liten toromsleilighet, fordi jeg vil bo ganske sentralt og ikke bo meg i hjel. Jeg har kort vei til togstasjon og busstopp som korresponderer med flybuss.

Jeg lever generelt nøkternt og bruker svært lite penger på klær, interiør og lignende. Jeg bruker primært penger på reising og noe kultur foruten faste utgifter som alle har. På kulturfronten har jeg spart penger på å være teaterkontakt, frivillig på festivaler og litteraturhus. Jeg er medlem i kinoklubb hvor jeg får halv pris på utvalgte filmer. Jeg har en bokblogg og har fått presseakkreditering flere ganger på litteraturfestivaler. I 2023 ble alt dyrere, renta steg og det måtte strammes inn enda mer. Jeg avsluttet medlemskap og abonnement jeg strengt tatt ikke trengte lenger. Jeg begynte å selge ting brukt på Finn.no og Facebook. Jeg bruker apper der jeg kan spare penger på mat på tilbud, som Coop og Æ. Halvpris på utgått datomerking på mat og tilbud kikker jeg alltid gjennom. Jeg bruker biblioteket og kjøper færre bøker enn før, men jeg kan skeie ut litt på salg. Det er sikkert mer man kan gjøre, men det er dette som er det viktigste for meg. Man kan spare mye på en gjennomgang av økonomien og blant annet se på hva man har av medlemskap og abonnementer. Hvem har ikke hatt sovende medlemskap på for eksempel treningssenter og strømmetjenester? Når jeg selger på Finn.no og Facebook, setter jeg penger for salget over på en egen reisekonto med en gang. Mobilbankappen er genial til rask overføring mellom kontoer. I 2023, da jeg begynte å legge ting ut jevnlig på Finn.no og Facebook, hadde jeg allerede finansiert deler av reisen til Tanzania, en chartertur til Rhodos samt deler av en reise til Villajoyosa. Målet var å finansiere hele reisen med bruktsalg. Å ha reiser som mål, gjør bruktsalg og sparing veldig motiverende.

Praktiske tips for budsjettvennlige reiser

Følg med på tilbud og nyhetsbrev hos flyselskapene og reiseselskapene. Reiseselskap som Ving, TUI og Apollo selger restplasser på flyseter, ikke bare på pakketurene sine. Selskapene har ofte tilbud og kampanjer som jeg har benyttet meg av. Fagforeninger, medlemskap eller fordelskort du har kan ha avtaler og rabatter på reiser og overnatting. Bruk det for hva det er verdt. Du kan også samle poeng hos flyselskaper og hotellkjeder.

Ved siste nyttårssalg hos flyselskapene sikret jeg meg billige flyreiser til to reiser av det halve av vanlig pris. Flyselskapene og tog har salg og tilbud flere ganger i året. SAS og Norwegian har også spesielle tilbud en gang i uka i perioder.

Jeg bor som tidligere nevnt som regel på leilighetshotell når jeg er på reise. Noen leier via Airbnb. Det har ikke jeg gjort, siden jeg ikke har funnet gode aktuelle tilbud for så små enheter som jeg har behov for, men det kommer helt sikkert an på hvor man skal og når man søker. I leiligheten lager jeg en del mat selv, og det sparer jeg mye på. Jeg spiser kanskje lunsj eller middag ute, og aldri på spesielt dyre plasser. Jeg spiser sjelden dessert eller kjøper drinker. Jeg liker å kose meg med et glass vin når jeg er ute og spiser, men det har også blitt dyrere, så også der må jeg være mer bevisst. For mange nordmenn er fordelen med billig øl og vin en del av ferieopplevelsen. Flere glass per dag blir ofte mye penger, selv om det fortsatt er billigere enn hjemme. Hvis jeg er på reise eller kurs med andre, går det ofte mer penger enn om jeg er alene. Men det går an å tenke seg om, og å være nøktern da også. Man kan kose seg uten å ta helt av med kortet. Jeg tar lokalbuss der jeg kan, sjelden taxi. Alle de små grepene man kan gjøre, kan bli en stor forskjell for å få ned reisekostnadene.

Helse

Foruten nevnte problemer med kne og hofter som har oppstått ved overdrivelser og periodevis har plaget meg siden, er det også andre ting jeg plages med som jeg må ta hensyn til. Jeg har lyst til å gå litt mer inn i episoden i Samariaravinen, siden den er et godt eksempel på hva en overdrivelse kan føre til.

Samariaravinen på Kreta er en utrolig vakker ravine, som anbefales hvis man har en kropp som tåler turen. Det var en lang tur, så jeg var litt bekymret for kneet, men jeg valgte likevel å være med siden en sekstimers tur var noe jeg på det tidspunktet kunne klare greit. Jeg vurderte at det skulle gå bra, men at jeg måtte være oppmerksom på å ikke belaste kneet for mye ved nedstigningen. Den bratte nedstigningen på om lag 1000 meter ble tyngre enn jeg trodde. Støl, stiv og med vondt overalt kom jeg meg frem til enden av turen, der gruppa skulle møtes på en kafe for å spise lunsj før vi ble transportert hjem.

Da turen var over og stølheten ga seg, merket jeg at det ikke var noe problem med kneet. Derimot fikk jeg hoftesmerter som ikke ga seg. Det er fjorten år siden nå, og smertene aktiveres nå og da. Jeg har gått til ulike fysioterapeuter og vært hos fastlegen flere ganger med problemene. Jeg tok også røntgen. De finner ingen skade eller artrose, men sier det er betennelse. Den betennelsen har hindret meg mye når det gjelder vandreturer og gåing, noe som igjen virker inn på formen. Det har begrenset seg med fjellturer. Vandreturer i utlandet med opplegg flere dager har jeg måttet se langt etter. Det medførte en sorg hos meg, og jeg trodde aldri jeg ville bli bra. Nå har jeg akseptert situasjonen. Og jeg er bedre, i perioder kan jeg gå lengre. Det er viktig at jeg ikke overdriver og stopper i tide, ellers går jeg på meg en smell igjen. Fysioterapeuten har sagt at jeg kan gå pilegrimsvandring til Santiago de Compostela etter hvert. Det er et av mine mål å greie det, og foreløpig er jeg nøktern optimist.

De siste årene har jeg også slitt med utmattelse og kroniske smerter i kroppen. De flytter på seg, og kommer av en reumatisk lidelse. Jeg elsker å reise, men valg av reisemål og hva jeg velger å gjøre mens jeg er på reisen har endret seg kraftig. For meg er det viktig å legge opp dagene uten overdrivelser og for mye program. Jeg har en kropp jeg må ta hensyn til, noe fysioterapeuten har sagt til meg gjentatte ganger. Det er ikke noe stas å komme hjem mye mer utslitt enn da man dro, og med flere smerter. At det krever noe restitusjon etter en reise er til å leve med, men det er viktig å finne en slags balanse. For meg kan det være nok å bare være, ikke gjøre så mye. Gjør litt mindre av alt, var det en klok person som ga meg råd om. Når jeg reiser alene, er det ganske lett å porsjonere energien og aktivitetene på dagene, selv om jeg av natur er en type som vil mye og er vant til å greie mye. Jeg har måttet lære meg å ta hensyn til mine begrensninger. Jeg kan bruke dagene til å lese bøker, spasere, ta en eller annen utflukt, men ikke for mange i løpet av uka. Blir jeg sliten og lei av å gå ut for å spise, lager jeg meg mat på rommet og slapper av på verandaen eller der det er mulig. Jeg presser meg ikke til noe. Det positive ved å være i varmere strøk, som for eksempel Spania og Hellas, er at kroppen virker bedre. De revmatiske smertene jeg sliter med hjemme, forsvinner ganske raskt på mystisk vis. Varmen gjør godt. De siste årene har jeg derfor reist en gang til Kanariøyene på vinterstid. Det som ikke forsvinner, er hoftesmerter og tendensen til dem, så her må jeg passe meg. Men det at jeg er ute og går en tur hver dag, gjør at formen generelt blir bedre. Så lenge jeg ikke overdriver.

Får man problemer med smerter på grunn av harde senger kan man be om ekstra madrass eller en ekstra dyne eller teppe for å legge under lakenet. Det kan hjelpe.

Det andre som hjelper er å booke dyrere hotell. For eksempel er skandinaviske reiseselskaps egne hotell og større anlegg mye bedre for norske, stive kropper. De kan ha tilbud, spesielt utenom høysesong hvis du kan reise da. Flere av disse kan ha treningsopplegg, yoga, vanngym med mer. Se det jeg skriver om økonomi for å få flere tips om dette.

Det kan være flere enn meg som har reist med – arbeidsavklaringspenger (AAP) fra NAV. Da er det viktig at man avklarer med NAV før man reiser utenlands. Om de godkjenner en reise avhenger av at helsa ikke blir verre og at man opprettholder avtaler og aktivitetsplan med NAV. I mitt tilfelle har jeg hatt mulighet til å fortsette med trening på reise, og jeg har vært nøye med å presisere at jeg legger opp dagene etter formen min og at det er positivt for helsa mi at jeg kan reise. Da jeg dro til Tanzania, måtte jeg i tillegg søke på et skjema siden det er utenfor EU/EØS. Jeg hadde god kontakt med min NAV-veileder. Hun kjente mine behov og min helsesituasjon godt, og godkjente at jeg kunne reise. Det er svært viktig at man klarerer slikt før en reise, ellers kan man i verste fall miste arbeidsavklaringspengene.

Alder

Jeg begynte å reise alene da jeg var seks år. Ja, faktisk. Jeg vokste opp i Halden og hadde slekt og besteforeldre i Trøndelag. Pappa var sjømann, og mamma var i lange perioder alene med oss ungene. Første gang jeg reiste alene til mormor og morfar i Overhalla i Nord-Trøndelag, var jeg bare seks år. I dag høres det utenkelig og helt uansvarlig ut. Den gangen tenkte man ikke sånn. Det var midt på 1960-tallet. Jeg hadde en tante i Oslo som møtte meg på Østbanen og fulgte meg på toget som gikk til Trondheim. I Trondheim hadde jeg en annen tante som fulgte meg på toget til Grong, der besteforeldrene mine hentet meg. Jeg husker ikke at jeg syntes det var skummelt. I voksen alder har jeg konfrontert mamma med at hun sendte meg av gårde alene da jeg var så lita. Men du var jo så selvstendig, sa hun. Jeg har nok alltid vært selvstendig, som storesøster blir man kanskje det. I alle fall er det den rollen man lett tar. I dag har man ikke lov til å sende en seksåring alene på tog. Tidene har forandret seg.

Jeg tok ikke skrekken av opplevelsen, kanskje ga den mer næring til min reiselyst – i tillegg til at pappa var sjømann og kom hjem med spennende historier og gaver fra det store utland.

Neste gang jeg reiste alene som jeg husker spesielt, var i tenårene. Vi flyttet til Trøndelag da jeg var fjorten. Jeg begynte på folkehøgskole i Numedal etter to år på videregående skole. Det ble en del togturer og haiketurer alene når jeg skulle hjem på ferie. Da jeg var tjue, begynte jeg å jobbe på et høyfjellshotell i Hallingdal. Jeg haiket en del også da. Jeg var ikke redd for å haike alene, men tok mine forholdsregler. Min mor, derimot, var redd for meg. På den tiden var det vanlig å haike, noe vi ikke ser så ofte i dag.

Jeg drømte om interrailturer og reiser til utlandet. Noen år senere drømte jeg om å dra til Nicaragua for å drive solidaritetsarbeid. Men det ble med tanken. Jeg ble gravid og måtte prioritere annerledes i mange år. Når man er tenåring og ung voksen, har man heller ikke samme behov for komfort som senere i livet. Da kunne jeg sove på et gulv eller ta til takke med en sofa. Backpackere i dag bor gjerne på vandrerhjem og greier seg med enkle kår.

Krav til reiseform, destinasjon og bopel endrer seg med årene. I dag er jeg godt voksen, sliter med helsa og har andre behov enn før. Jeg må tenke over hvor jeg vil bo, beliggenhet og hva jeg har energi til å gjøre på reisemålet på en helt annen måte enn før. Jeg vil heller ikke bo på et billig hotell som «passer for yngre», det vil si et hotell der det festes mye. Det skal sies at også godt voksne mennesker kan feste og holde halloi utover natta, noe man aldri kan garantere seg mot. Igjen: Les nøye beskrivelsen av hotell og beliggenhet, så kan man unngå noe av det man ikke ønsker.

Noen kan sikkert reise til mer krevende destinasjoner selv om de er sytti–åtti år gammel, men det gjelder ikke meg. Formen er ulik for folk. Mange trives i Spania fordi det er tilrettelagt for eldre og folk som har helseproblemer. Spania er et perfekt reisemål for mange pensjonister og uføre, spesielt mennesker med forskjellige reumatiske lidelser, astma, allergier og psoriasis.

Enhver må finne det som passer for en selv, uansett alder, men det er ikke å komme fra at det er en faktor man må ta hensyn til etter hvert.

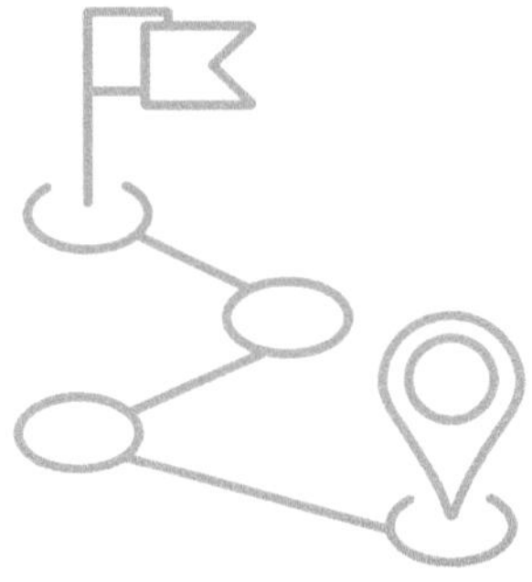

Kapittel 6

Nye utfordringer – den store reisen

Drømmer du om å legge ut på en større reise i flere land, kanskje en annen verdensdel? Kanskje er du så tøff at du hopper på en lang reise med en gang. Eller kanskje du er som jeg var i mange år, og flere med meg, bundet til fast jobb, gjeld og familie, og lar det bare bli med drømmen.

I denne delen ønsker jeg å ta dere dypere inn i noen av mine opplevelser fra reiser. Jeg viser dere også eksempler som var mer utfordrende for meg. Det å endelig tørre å gjøre en stor reise på et annet kontinent, torde jeg nesten ikke å drømme om engang for et par tiår siden.

Selv om jeg alltid har latt meg inspirere av å lese om mennesker som legger ut på jordomseiling eller foretar en reise i andre verdensdeler og blir borte i flere måneder, har skrekken for å ta fly over Atlanterhavet, seile med båt på havet eller å finne frem i en storby med mange millioner mennesker gjort meg helt skjelven. Jeg har vært stum av beundring for folk som har satt jobben på vent, tatt med familier på et års jordomseiling, solgt huset eller tatt lang permisjon for å gjennomføre drømmereisen. Mine fire måneder på reise ble den store drømmen som jeg faktisk gjennomførte.

Jeg var aleneforsørger for tre barn i flere år, og valgte å prioritere en trygg oppvekst for dem ved å ha fast inntekt og boliglån. Men drømmen hadde jeg aldri glemt, bare gjemt. Helt til jeg i 2013 foretok en endring i livet med tanke på jobbsituasjonen min. Da var også yngstemann voksen nok til å bo for seg selv. Jeg hadde jobbet mange år innenfor barne- og familietjenesten, og følte behov for å gjøre noe annet. Jeg fikk tilbud om en annen jobb på et psykiatrisk senter i Valdres som jeg takket ja til. Selv om jeg trivdes godt der, ønsket jeg etter en stund å flytte hjem til Trondheim igjen, fordi det ble så langt unna familien. Barna var voksne, men jeg ønsket å ha dem i nærheten, og særlig fordi det også var barnebarn i vente. Jeg hadde fått permisjon et år fra jobben min i Trondheim, og etter prøvetiden i Valdres ville jeg bruke resten av året til å reise.

Men hvordan skulle jeg skaffe penger? I Trondheim hadde jeg fortsatt en treromsleilighet som jeg tidligere hadde tenkt jeg skulle selge for å flytte til et roligere strøk. Så hvorfor ikke gjøre det nå? Det var nå jeg hadde muligheten til å gjennomføre en reisedrøm jeg hadde hatt siden jeg var tenåring. Å vente til man blir pensjonist, som mange tenker, kan være for sent. Helsa kan svikte, ikke har man noen garanti for at man lever heller. Flere jevnaldrende kjente har gått bort de siste årene, og det blir stadig flere etter hvert som vi blir eldre.

Jeg fikk en megler til å ta seg av salget mens jeg fortsatt var i Valdres. Da jeg var hjemme en tur før jeg la ut på den store reisen, leide jeg meg en container i noen måneder til tingene mine. Jeg fikk hjelp til å flytte dem dit. Mye av det jeg eide, gikk til Fretex og gjenvinning. Som nevnt kjøpte jeg meg en ny og mindre leilighet da jeg kom tilbake. Og jeg angrer ikke. Jeg hadde aldri orket å foreta den samme reisen i dag. Man kan velge trygghet og å tenke på pensjonsalderen – på arv til barna, større leilighet til å ta imot besøk – eller man gjøre andre valg for å gjennomføre en drøm. Hver og en har sine beveggrunner for sine valg. Familien min var i alle fall tydelige på at jeg ikke måtte tenke på at jeg skulle prioritere større leilighet for at de skulle komme på besøk. Dessuten gikk det jo an for dem å sove på stua. De støttet meg. Det var viktig for meg, siden jeg også følte meg litt egoistisk som valgte meg selv fremfor å ha gjesterom til dem. Jeg tenker at det er viktig å tenke gjennom hvorfor man tenker som man gjør, hva som kan ligge som hindringer for en selv og hva som ligger bak dem. At man gjør opp en status på hva som er viktigst. Er det egne forventninger som styrer valget ditt, eller er det andres? Kanskje må man ta et oppgjør med det. Vil du være den som sitter på gamlehjemmet og angrer for det du ikke gjorde?

Hva gjør man når man legger ut på en slik reise? Jo, man må planlegge. Lage lister og spørre seg: Hvor vil jeg? Hva vil jeg?

Jeg hadde noe klart, noe åpent. Jeg ville til Sør-Amerika. Jeg hadde også noen steder i Europa jeg ville se. Jeg ønsket meg ikke heseblesende reise hvor jeg fikk sett mest mulig, men heller bruke litt mer tid på noen steder. Å få med meg mest mulig ble for meg for stressende.

Bosnia

Tidligere dette året hadde jeg meldt meg på en ukes reise til Bosnia for å være med på en pyramidetur og en internasjonal mysteriekonferanse. Den var i september, og var første del av reisen. Da mysterieturen var ferdig, reiste jeg videre alene med buss fra Sarajevo til Dubrovnik. Alle skrøt av byen, så hva passet vel bedre enn å få med den i ruta siden jeg var i nabolandet. I Sarajevo måtte jeg ta meg frem til busstasjonen, finne billettluka og riktig holdeplass. Jeg husker jeg var ganske forvirret. Prøvde å holde roen i folkekaoset. Sarajevo er en ganske stor by, med et mylder av folk som snakker for meg uforståelige språk, men jeg fant heldigvis frem og kom meg på rett buss. Bosnia er et fattig land, noe man kunne se uansett hvor vi var. Landet har ikke fått bygd seg opp etter krigen, og fra bussvinduet så jeg kulehull i bygninger og flere kirkegårder med enormt mange hvite kors. Det gjorde sterkt inntrykk på meg som kom fra fredelige Norge å se rester etter en vond krig så nært i Europa.

Kroatia og Tsjekkia

Jeg hadde booket et privat rom i Dubrovnik, et par kilometer fra gamlebyen. Jeg var ganske spent mens jeg gikk inn til gamlebyen dagen etter. Den var vakker, men tettpakket av turister. Blankskurt stein dannet underlaget jeg gikk på. Gamlebyen er liten, omringet av en to kilometer lang borg man kunne gå rundt. Kontrasten var stor fra slitte, krigsherjede Bosnia. Dubrovnik er en verdensarvby, og blir regnet for en av de best bevarte og vakreste byene ved Middelhavet. Likevel gjorde fattige Bosnia mer inntrykk på meg. I gamlebyen gikk jeg inn på et fotomuseum som viste en sterk utstilling fra krigen på Balkan. Den ga meg en dypere forståelse av det jeg hadde sett i krigsherjede Bosnia. Jeg kjenner ikke så mye til Kroatia som helhet, siden jeg ikke har vært der før, men Dubrovnik ga meg i alle fall et inntrykk av adskillig mer velstand enn nabolandet jeg nettopp hadde forlatt. Etter tre døgn i Kroatias perle, reiste jeg til Praha i Tsjekkia, en annen by på bucketlista, før jeg dro hjem til Norge en tur. Jeg var først innom Oslo på bokfestival, før jeg dro hjem til Trondheim, der jeg gjorde klart resten i leiligheten, sa ha det til venner og familie og pakket for cirka tre måneder i utlandet. Det gikk akkurat med hensyn til at reiseforsikringen min skulle gjelde uten å betale mye mer.

Ett kapittel var over, og med blandede følelser og masse kribling i magen reiste jeg av gårde for å bli lenge borte. Jeg visste at de hjemme heiet på meg. Ingen hadde advart meg mot å reise eller uttrykt bekymring. Jeg var tross alt et ansvarlig voksent menneske, og så lenge skulle jeg tross alt ikke være borte. Familien ville jeg treffe igjen til jul. Mest av alt var jeg fryktelig spent, og gledet meg til hva som var i vente.

Programmet mitt for reisen inneholdt et skrivekurs i Firenze sent i oktober. Før det ville jeg til Sør-Amerika. Jeg hadde også meldt meg på en toukers rundtur med en norsk gruppe i Mexico før jeg returnerte til Europa igjen.

Jeg hadde fått med meg familien på at vi skulle møtes og feire jula det året på Gran Canaria. Jeg så frem til å treffe både barna mine, min mor og søsken og nevøer der. Dette var også noe vi hadde snakket om i mange år, men først nå skulle vi gjennomføre det. Vi savnet at den yngste søsteren vår ikke kunne bli med, men hun hadde andre planer.

På denne måten hadde jeg en ramme for reisen, og visste at jeg ikke ville være helt alene mens jeg var borte. Det ble også mindre skummelt å reise alene fordi jeg ville treffe noen kjente i Mexico og Firenze. Jeg ønsket også å ha det åpent til å gjøre valg underveis. Billettene til Argentina og fra Mexico til Firenze var bestilt. Resten tok jeg etter hvert.

Argentina

Ja, det ble Argentina jeg valgte i Sør-Amerika. Min datter studerte der i tre år. Jeg kom meg aldri dit mens hun var der. Hun sa jeg måtte dra til Buenos Aires. For meg var det til å begynne med en umulig tanke, den store byen – hvordan skulle jeg finne frem? Ville jeg ikke rote meg bort og bli utsatt for kriminelle? Jeg hadde lest om mange skrekkelige ting som skjedde i Sør-Amerika, selv om Argentina på denne tiden ikke var det verste landet å reise til. Min datter hadde bare snakket varmt om byen og folket i Argentina, men størrelsen på byen var nok til å skremme meg. Buenos Aires var liksom ikke det minste og enkleste stedet å begynne med, med sine femten millioner innbyggere. Dog litt færre i selve bykjernen, med sine tre millioner. Uansett ganske mye større enn lille Trondheim. Jeg var faktisk vettskremt med tanken på en by av den størrelsen.

So what to do?

Jeg surfet på nett og diskuterte med min datter. Så kom jeg over en språkskole som kunne skaffe leilighet samt sjåfør til og fra flyplassen. Perfekt, tenkte jeg. Det var akkurat den starthjelpen jeg trengte. To ukers intensivt spanskkurs, og jaggu hadde de ikke tangokurs der også. Jeg elsker å danse, og det måtte jeg jo få med meg. Tango i Buenos Aires, selvfølgelig måtte jeg det. Det at jeg fikk leilighet gjennom skolen, sparte meg for mange valg og mye stress. Når jeg først kom meg dit, fikk jeg god tid til å orientere meg videre. Finne ut av hvordan jeg skulle komme meg frem og tilbake, rundt i byen, og videre. Jeg visste jeg ville til Mendoza og vindistriktet. Kanskje til Chile før jeg dro til Mexico, eller kanskje til Costa Rica? Ikke noe var låst, annet enn de to ukene i Buenos Aires og to uker i Mexico. Jeg brukte mye tid på å tenke ut forskjellige muligheter. Jeg hadde mye jeg hadde lyst til å se og gjøre, men visste også, som jeg tidligere har nevnt, at jeg ikke ønsket å haste gjennom flest mulig land og steder, men heller bruke tid på det jeg ville se og ta det med ro. Jeg er god til å drømme, men faller til slutt ned på det som er realistisk.

Flyreisen fra Trondheim til Praha, deretter til Frankfurt, over Atlanterhavet til São Paulo i Brasil tok over seksten timer. Så fikk jeg et ørlite besøk der også. Riktignok bare på en sliten og trist flyplass, men atmosfæren, andre lukter, folket, ikke bare hvite europeere, ga meg opplevelsen av å være i en annen verdensdel, før jeg fløy videre med et mindre fly til Buenos Aires. Det var jaggu meg lite og trangt. Rett og slett klaustrofobisk, og jeg måtte minne meg selv på å puste sakte og dypt for å roe nervene. Med min latente flyskrekk var det ikke et sjakktrekk å få vindusplass i et så trangt fly. Var flyet så lite fordi argentinerne er lavere av vekst enn de fleste av oss nordeuropeere? Det var like trangt som i de små Dash 8 -flyene til Widerøe som flyr ute i Distrikts-Norge. Dette satt jeg og spekulerte over helt til jeg fikk pustebesvær. Jeg tok mot til meg og spurte en far med sønn som hadde de ytterste plassene på seterekka om å få bytte til midtgang, noe jeg heldigvis fikk. En del turbulens var det også, og det hjelper ikke på flyskrekk. Vi kom oss selvsagt, hadde jeg nær sagt, vel frem, man gjør jo som regel det. Når jeg er redd på fly, tenker jeg alltid på boka *Endelig glad i å fly!* av Allen Carr. Han er også forfatteren av *Endelig ikke-røyker!*, som jeg i sin tid hadde god nytte av. Jeg laget meg et mantra etter at jeg leste boken for mange år siden, et mantra som jeg tar frem i ny og ne. Dette er en bok jeg anbefaler for alle med mer eller mindre flyskrekk. Den er morsom og faktabasert, og gir hjelp til å tenke mer konstruktivt. Han skriver saklig blant annet om at pilotene gjør mange sikkerhetssjekker før de tar av, at de er godt utdannet, at lydene i flyet er helt normale, at det er færre flyulykker enn med andre transportmidler, som for eksempel bil, og at det er hjernens beskyttelsesmekanisme som trer i kraft når vi blir redde. Hjernen vil beskytte oss mot farer, noe som ligger dypt i urgenene våre. For de som sliter med alvorlig flyskrekk finnes det også kurs og kognitive terapeuter som kan bidra.

Vel, jeg hadde en ny utfordring foran meg. Nå skulle jeg finne veien ut av den store flyplassen i Buenos Aires og se etter sjåføren. Enn om han ikke var der? Hva da? Mye kan skje i den store trafikken. Heldigvis sto han der med en plakat med mitt navn på. Svært lettet ble jeg med og satte meg i bilen til den eldre mannen. Jeg var litt nervøs da jeg ble kjørt gjennom de store gatene i verdensbyen. Så enormt med trafikk, så mange filer. Å kjøre inn mot Oslo på E6 eller E18 var intet til sammenligning. Jeg roet meg etter hvert, og ble mest fascinert av alt jeg så. Eventyrlysten min og den fantastiske følelsen av å endelig være her, trumfet frykten. Han var en trygg sjåfør, noe jeg merket ganske fort.

Og den annerledes lukten da jeg endelig kom frem til leiligheten i San Telmo, bydelen jeg skulle bo i, gjorde meg svimmel av forventning. Et litt skummelt strøk ifølge min datter, men det opplevde ikke jeg. Jeg hadde kort gangvei til skolen, som lå sentralt ikke så langt fra Casa Rosada, der Eva og Juan Perón bodde i sin tid, samt Plaza Mayo, der mødrene på Maiplassen demonstrerte over alle sine tapte sønner og slektninger. Argentina har en brutal historie, noe jeg ble påminnet hver dag mens jeg gikk forbi plassen.

Gjennom skolen kunne vi også bli med på utflukter, blant annet til La Boca, der fotballhelten Maradona vokste opp. En fantastisk fargerik bydel, men akkurat dit er jeg glad jeg dro i flokk med læreren vår som guide. I denne bydelen er det mye kriminalitet, og det bor en stor del fattige her. Det er også et yrende liv med tango i gatene og mange turister, og turister er oftere utsatt for tyveri og ran der det er mye kriminalitet.

Ellers dro jeg rundt omkring i den store, vakre, fascinerende byen på egen hånd. Jeg gikk mye, men jeg lærte meg også å ta metro. Da var jeg stolt. Metrobane i utlandet virker ofte overveldende på meg. Ikke alltid så lett å skjønne banenettet. Jeg må lese nøye for å finne ut av hvordan det fungerer, notere meg hvilken side jeg skal gå på for å komme på rett spor og så videre. Etter hvert har jeg skjønt at i prinsippet ligner de fleste metrostasjoner i store byer i verden på hverandre. Man må bare se etter engelsk tekst. For meg hjelper det å være tidlig ute for å minimere stress. Jeg blir lett stresset på slike plasser, det innrømmer jeg, særlig hvis det står folk i kø bak meg. Bare det å lese nøye på billettautomaten er viktig for meg, samt å følge nøye med på hvor jeg er til enhver tid slik at jeg greier å gå av på rett stasjon. Hvis ikke – og det har hendt meg – får man ta banen tilbake til rett stasjon.

Jeg slet litt den første gangen jeg skulle gjennom billettslusen på en metro i sentrum i Buenos Aires.
Her var det noe jeg ikke skjønte. Hva skulle jeg gjøre?
Billetten jeg skulle skanne virket ikke. Hva gjorde jeg feil?
Panikken steg, og jeg begynte å miste gangsynet. Plutselig kom det en mann for å hjelpe meg, og han sto der til jeg var gjennom, som en engel ut av intet. Det å få hjelp når

jeg var rådvill, opplevde jeg mye i Buenos Aires. Et annet eksempel var da jeg sto med kartet på et gatehjørne og var usikker på hvor jeg skulle gå videre for å komme meg dit jeg hadde tenkt meg. Da stoppet det en hyggelig dame som spurte om jeg trengte hjelp. Dette opplever jeg ikke så ofte hjemme i Norge eller i Europa. Folk flest var hjelpsomme og positive. De har en annen kultur enn oss nordmenn, som er kjent for å være mer reserverte. Det var også noe min datter fortalte om som veldig positivt etter årene i Argentina.

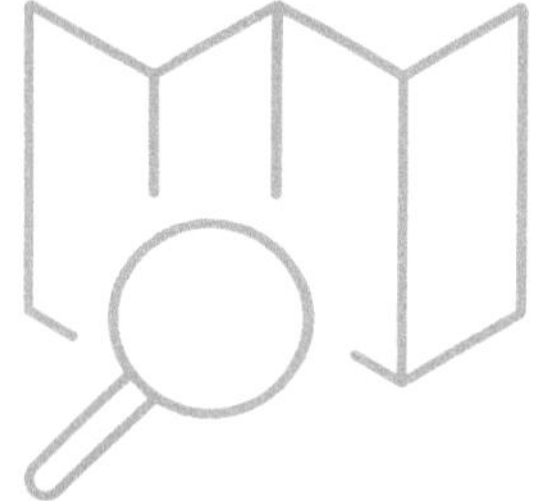

I Buenos Aires er det så mye å se, det er mange bydeler med hvert sitt særpreg. Selvfølgelig var jeg på kirkegården La Recoleta, der Evita er gravlagt. Det lå mange blomster på hennes grav. Turister valfarter dit for å hedre hennes minne. Det var en helt spesiell opplevelse å være i La Recoleta, med alle de katolske gravene, mausoleer med fotografier, skulpturer og blomster. Jeg så ikke fattigfolks graver der.

Etter dette besøket måtte jeg sette meg i parken utenfor. Store trær kastet skygger over området, noe som trengtes siden det var ganske varmt. Jeg hadde behov for å avkjøle meg samt bearbeide inntrykkene. Det gjorde inntrykk på meg, både å ha sett graven til Eva Perón, legenden som jeg har lest så mye om, og gravstedet spesielt, som viste meg noe om klasseskillene som også finnes etter døden. Musikalen om Evita, filmatisert med Madonna i hovedrollen, satt også friskt i minnet. Eva Perón betydde mye for det argentinske folket i en vanskelig tid.

På skolen ble vi en liten gjeng fra klassen som hang sammen. En dag inviterte en gutt oss hjem på asado på takterrassen der han bodde. Asado er argentinsk grillparty, og ikke noe småtteri. Argentina er kjent som en biffnasjon, med store mengder godt oksekjøtt fra pampasen. Kjøtt, biff, grønnsaker og god drikke. Jeg følte meg vel sammen med ungdommene. Det var bare grillmesteren som var på min alder. Mens han la mengder av kjøtt og grønnsaker på grillen og slo av noen skrøner, satt jeg og koste meg sammen med ungdommene på det som føltes som verdens tak. Jeg var så takknemlig for at de også inkluderte meg. Unge mennesker fra forskjellige land som tok spanskkurs for å gjennomføre idealistiske prosjekter, som solidaritetsarbeid, jobbe på barnehjem og lignende. Sånn som jeg drømte om da jeg var ung. Det var også eldre deltakere der, som hadde valgt en pause fra jobb for å gjøre noe annet et år. Jeg ble litt fristet selv, det skal jeg innrømme. Men man må ta standpunkt til om man har råd, siden man også må betale en del selv for å delta på slike prosjekter. Imponerende er det uansett.

Gjengen dro også med tangolæreren på milonga en kveld. Milonga er argentinske dansekvelder med tangomusikk. Vi ble spesielt invitert, og fikk øve på tangoen vi hadde lært på kurset. Jeg måtte jo selvsagt også kjøpe meg tangosko i tangoens hjemby, Buenos Aires. Men jeg var nok ikke øvet nok til å bruke dem ennå, til det var hælene for spisse og høye. De vakre skoene i rødt og svart, til halvparten av prisen hjemme, ble med meg hjem til Norge.

Etter to uker i Buenos Aires var jeg ikke klar for å dra videre. Jeg søkte opp hotell og pensjonat i et par andre bydeler for å utforske mer av den fascinerende byen. Tenk at jeg som var livredd tanken på å reise dit alene, nå skulle bli så glad i den. Det hadde jeg nok aldri trodd. Jeg fant meg et koselig, lite hotell i bydelen Palermo. Derfra hadde jeg kort vei til andre attraksjoner jeg ville oppleve, blant annet Evita-museet og gata med huset der Jorge Luis Borges, Argentinas store forfatter, bodde. Botanisk hage ligger også der. Jeg liker å få med meg besøk i botaniske hager når jeg reiser. I byene er de oaser for sjelen.

Noe annet som også er verdt å få med seg i Buenos Aires, er den fantastisk vakre bokhandelen El Ateneo. Det er et ombygd teater som er veldig vakkert og spesielt for den som liker bokhandlere eller flotte bygg. For en bokelsker som meg var det en stor opplevelse, selv om jeg ikke leser spansk. Noen engelske bøker finnes det selvsagt. Samt en herlig kafe.

Jeg hadde med meg et bykart jeg hadde kjøpt hjemme som var veldig oversiktlig. Det viste bydel for bydel med nyttige tips om spisesteder, severdigheter, kart over metro og så videre. For meg er reiseguider på papir mye mer oversiktlig enn å søke på Google Maps eller lignende. Guiden kjøpte jeg på reisebutikken Nomaden i Oslo. Den er i utbrettsformat, lett å ha med i veska eller en stor lomme.

Men en dag måtte jeg videre. Nå mens jeg sitter og skriver og tenker tilbake, gjenopplever jeg byen og meg i den, og tenker at jeg kunne vært der lengre. Jeg merker at det gjør noe med meg å tenke tilbake. Følelser jeg hadde da, dukker opp igjen. Det å være så langt hjemmefra, å våkne om morgenen med en hul, rar og sår følelse inni meg, en følelse jeg ikke greide å plassere. Var det sorg, ensomhet, angst eller noe annet jeg ikke helt skjønte hva var? Ennå vet jeg det ikke, men jeg husker den godt og kan kjenne litt på den. Den dukket opp da jeg var alene i Argentina, men ikke i Europa etter hva jeg husker. Å reise alene over Atlanterhavet, være helt alene med meg selv, med angst og usikkerhet som lå der, det å tenke på de der hjemme. På datteren min som hadde tilbrakt flere år tidlig i livet sitt der. Følelsen forsvant da jeg sto opp, jeg ristet den av meg og gikk ut i dagen.

Å reise så langt av gårde som til Sør-Amerika, er nok ikke for alle. Men hvis man virkelig vil, så greier man det også, selv om det nok ikke er det første man hiver seg ut i hvis man er godt voksen og ikke har reist en del alene. Som nevnt er god planlegging og forberedelser viktig, selv om man ikke trenger å planlegge alt i detalj. Vi mennesker er forskjellige, ting kan skje underveis. En viss grad av fleksibilitet er kjekt å ha med seg.

Boktips:
Endelig glad i å fly! av Allen Carr
Bad times in Buenos Aires av Miranda France (reiseskildring)
Perla av Carolina De Robertis (roman)

Tips til severdigheter i Buenos Aires:
El Ateneo – berømt bokhandel
Museo Evita – et museum om Evitas liv
La Recoleta – gravstedet til Evita og flere berømtheter
Casa Rosada – der Eva og Juan Perón bodde
Plaza de Mayo – torget foran Casa Rosada, og det eldste i byen
La Boca – stadion og bydel der Maradona ble født og fargerik bydel med tangodans i gatene
Diverse show med tango

Jeg skrev reiseblogg og reisedagbok mens jeg var i Argentina. Det er fint å kunne skrive ned erfaringer og tanker fra reiser man gjør. Noen av inntrykkene fra Argentina, selve drømmereisen for meg, deler jeg gjerne med deg her.

Med hjertet i halsen på langdistansebuss fra Buenos Aires til Mendoza

Fra Buenos Aires reiste jeg videre med nattbuss i sytten timer til Mendoza. Argentina er verdens åttende største land, og det er langt mellom de store byene. Bussen gikk klokka 15.00, og jeg hadde lagt inn god tid. Noe som var helt nødvendig siden jeg var ukjent og vet at det kan bli mye stress hvis jeg får lite tid og jeg trenger tid til å finne ut av ting. Jeg nevnte dette også da jeg var i Sarajevo og skulle ta bussen til Dubrovnik. Om busstasjonen i Sarajevo var stor, så er den knøttliten sammenlignet med den i Buenos Aires. Man må spørre seg frem, og får du napp på noen som snakker brukbart engelsk, er du heldig. Det tok sin tid. Jeg kjente på stresset på grunn av folkemengden, alle billettlukene og bussene, men jeg kom også der på riktig sted til slutt. Heldigvis i god tid, jeg kunne puste ut og senke skuldrene.

Jeg er egentlig redd for veldig mye, særlig når jeg er ute og reiser. Jeg er redd for å sitte i bil, på buss, noen ganger tog, og da spesielt nattog, og med båt. Når det gjaldt disse store toetasjes bussene, var jeg redd for at de skulle velte. Fantasien tar meg lett til de verste skrekkscenarioer. Derfor tenkte jeg at det var best å sitte i første etasje bare sånn i tilfelle. Det var egentlig ikke så lurt, for der var det en utrolig bråkete vifte som sto på og duret hele natta. Jeg gikk opp i andre etasje for å se hvordan de hadde det der. Faktisk så det mye bedre ut, med blant annet

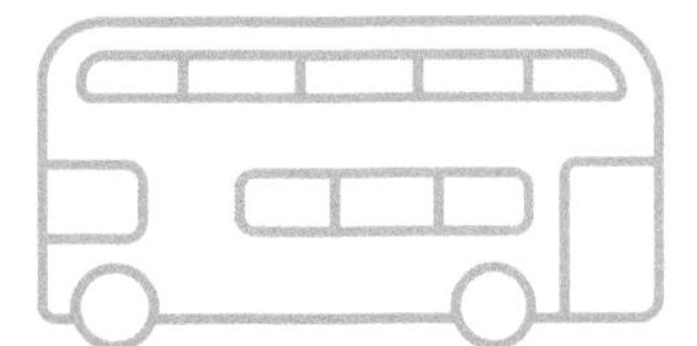

bedre utsikt. Men gjort var gjort, plassene var bestilt på forhånd og bussen var full. Jeg hadde også hørt historier om at sjåførene på disse langdistansebussene hadde det moro med å kappkjøre på motorveiene i mørket på natta, noe det ikke akkurat hjalp på nervene å tenke på. For å holde nervene i sjakk tok jeg frem de støydempende hodetelefonene mine og fant frem en CD med hypnosefiler på iPoden.

Jeg hadde også greid det kunststykket å velte en termokopp med glovarm kaffe over den høyre foten mens jeg lette etter noe i sekken, noe som gjorde vondt som f…. Jeg hadde aloe vera-gel som kunnet ha hjulpet, men den var i kofferten som lå i bagasjerommet under bussen. Gode råd var dyre. Kunne flaska med kaldt vann kanskje hjelpe? Jeg skylte over området der det kokende vannet hadde havnet for å kjøle ned. Etter hvert fikk jeg ideen om å ta av skallet på bananen jeg hadde i sekken og legge på, og deretter forbinde med skjerfet mitt. Og tro det eller ei – det fungerte faktisk! Det så rart ut, men – som det heter – nød lærer naken kvinne å spinne.

Jeg satt alene ganske lenge på mine to seter, og håpet det skulle fortsette slik. Men den gang ei. Etter noen timer, mens jeg prøvde å høre på hypnose som ikke fungerte siden jeg ble distrahert av å ville se ut på omgivelsene, skrudde jeg over på musikk og hørte gjennom tre album med *Nightwish* – det virker alltid på skrale nerver – og deretter på Egil Fyllings rolige og meditative musikk, fordi jeg ville lese litt i den mest spennende krimboka jeg hadde lest på lang tid: Samuel Bjørks *Det henger en engel alene i skogen*. Men før dette kom det på en ny passasjer, en mann, en enormt stor mann. Skulle han virkelig sette seg ved siden av meg? Ja, det skulle han. Jeg småfrøs, og med ham kom det varme, mye kroppsvarme, som la seg rundt meg på min venstre side. Det var faktisk ganske godt, og ikke så kleint som jeg hadde fryktet. Utrolig hvor mye varme som kan komme fra en kropp.

Verre var det med fyren bak meg, som hostet og snøt seg stadig vekk. Det er også en av de reisefobiene jeg har, det å ha syke, smittsomme mennesker bak meg i timevis, enten det er på buss, tog eller fly. Da går jeg inn og gjør noen mentale ritualer: *Jeg holder meg frisk, jeg er frisk* og lignende. Andre mantra lager jeg i andre situasjoner. Det blir mye ekstra å forholde seg til når jeg er ute og reiser, så nevrotisk som jeg er. Men reise må jeg jo likevel. Mine redsler, angster og fobier skal ikke hindre meg.

Etter hvert sovna jeg godt, på tross av en kakerlakklignende bille som krøp opp og ned i vinduskarmen en periode på kvelden. Mentale ritualer måtte tas i bruk igjen: *Fjern deg, dyr, fjern deg – jeg ser deg ikke* (jeg vet jeg ikke skal si *ikke*, det har jeg lært på et kurs jeg tok i hypnoterapi for noen år siden, men jeg kom ikke på noe annet lurt der og da). Jeg prøvde meg på litt

EFT (tankefeltterapi) med tapping, eller banking, og det roet seg. Man må jo huske å bruke de teknikker man har lært seg, og jeg har et helt arsenal, bare jeg husker å ta det i bruk.

Jeg var utrolig heldig da jeg kom til hotellet i Mendoza litt over klokka 08.00. Jeg betalte drosjesjåføren skarve 20 pesos (20 norske kroner i 2013) og spurte om å få sette inn bagasjen. Innsjekktiden var klokka 15.00. – Bare vent litt, så skal vi ordne rommet til deg, sa damen i resepsjonen. Yes! Jeg kjøpte frokost og fikk rom før jeg hadde spist ferdig. Nydelig. Deretter ble det rett i dusjen, og så et par timer på senga for å lese mer krim.

Ute skinte sola fra en knallblå himmel. Jeg gikk ut med bukse og langermet skjorte, men måtte ta av føttene på zip-buksa og skjorta ganske raskt. Instagram målte 32 grader da jeg spiste lunsj litt senere. Overrasket registrerte jeg at ingen andre enn meg gikk i shorts. Jeg ble ekstra oppmerksom på mine bleike bein, men jeg kunne ikke bry meg om hva andre tenkte. Men hvorfor de ikke gikk i shorts i varmen, lurte jeg på uten å få svar.

Jeg trasket rundt i Mendoza by, og syntes egentlig den var ganske kjedelig. Ikke noe å se. Ikke noe liv. Men hallo – det var jo siesta, og jeg oppdaget at nesten alt var stengt til klokka 16.30–17.00.

Etter lunsj gikk jeg inn i en av butikkene ved Plaza Independecia, en stor og flott park med fontener og yrende folkeliv hvor det også holdes konserter, marked og mye annet. Jeg spurte etter turer til bodegaer (vingårder). Der fikk jeg kjøpt en heldagstur til bodegaer dagen etter og til fjellene torsdag. Det hele kostet litt over 500 kroner (her sparte jeg av en eller annen grunn litt på å betale kontant i stedet for med kredittkort).

Deretter skulle jeg finne et postkontor for å poste kortene jeg kjøpte i Buenos Aires og omsider hadde skrevet ferdig. Da viste det seg at posthuset ikke tok imot postkort med frimerker kjøpt andre steder (jeg hadde DHL-merker), og de ba meg gå til et annet sted. Det stedet fant jeg ikke, selv om jeg spurte meg frem og fikk flere forslag og prøvde meg enda flere steder. Jeg ga opp, å poste kort for å sende hjem kan være en prøvelse noen steder. Først lette jeg lenge i Buenos Aires etter frimerker, og i Mendoza etter sted å poste dem. Familie og venner fikk pent nøye seg med bilder på Facebook og Instagram.

Da jeg gikk og ruslet rundt i Mendoza, tenkte jeg mye på Buenos Aires og menneskene der. De var så annerledes, så åpne, så vennlige og så hjelpsomme. Hvor mange ganger ble jeg ikke stoppet og tilsnakket på gata av fremmede hvis jeg fiklet med noe eller så litt bortkommen ut? Hvis jeg sto med kartet på et gatehjørne og så rådvill ut, eller ikke skjønte bæret på metroen? Mange. Hun som ga meg adressen til en venninne av seg da jeg lette etter et vandrerhjem, hun som spurte om jeg trengte hjelp da jeg sto med kartet, han kjekkasen som fortalte meg hvor jeg skulle trykke kortet i metroen. Historiene som man kan få med på kjøpet. Som maleren som hadde vært i Italia og ga meg websiden og e-postadressen sin på metroen. Alt livet, all pulsen, alt det fine og det rare. Alle klemmene, varmen, den personlige kontakten de ga, folk på skolen, lærerne, vertskapet og de andre som bodde på gjestehuset og kafeene.

Mendoza var helt annerledes.

Det var trangt og flatt med masse trær, endeløst med gater, biler, butikker. Gågata så ut som Nordre gate i Trondheim. Men jeg så ingen spennende bygninger eller fargerike folk, ingen demonstrasjoner, trommetog, konserter og dans i parkene. Jeg ønsker ikke å være negativ, men forskjellene mellom byene var en overgang å oppleve. Sikkert som å komme fra Oslo til Mosjøen, eller noe sånt, tenkte jeg. Det er nok omgivelsene mange drar dit for, vingårdene og fjellene.

Poenget med å fortelle dette, er at man må være forberedt på det meste. Steder er veldig forskjellige, atmosfære, kultur, arkitektur og natur. Det er en del av det å reise, at man opplever så mye forskjellig. Det er mye læring i det også, og man setter ekstra pris på de gode opplevelsene og menneskemøtene.

På vinsmaking i Mendoza – jeg gikk på en snurr

En av de store attraksjonene i Mendoza er alle vingårdene. Mendoza er det desidert største vindistriktet i Argentina, og det produseres mye og god vin der. En del av vinen blir eksportert til Europa, også til Norge. Jeg bestilte meg en utflukt på et byrå i byen til bodegaer da jeg var i Mendoza, det var et av målene med å dra dit.

Det spesielle klimaet, med varme dager og kalde netter, gjør Mendoza til et godt egnet område for utvikling av gode druer og vinproduksjon. Malbec er druen fremfor noen i Mendoza. Den har særdeles gode vilkår der, hvor de skaper mange viner av høy kvalitet.

Jeg hadde bestilt en heldagstur med et besøk på en olivengård, tre vingårder og til slutt en sjokolade- og likørprodusent. Det var også inkludert lunsj under utflukten. Jeg ble plukket opp på hotellet. Det viste seg å være en liten gruppe på fire som dro av gårde, pluss turguide og sjåfør. Gruppa besto av et brasiliansk par, en meksikaner og meg.

Vi fikk først se hvordan prosessen for å lage olivenolje foregikk. Vi besøkte en fin, liten gård som satset på høy kvalitet med helt rene oljer. De laget også noe hudpleie av olivenoljen som skal være veldig bra. Olivenoljens egenskaper har visstnok vært kjent i lange tider, spesielt for tørr hud.

Neste stopp på turen var en stor vingård som heter Lopez. Guiden sa vi skulle få se tre forskjellig typer gårder for å lære om forskjellene mellom dem. Lopez var en gedigen fabrikk, noe vi kan kalle vinindustri.

Den neste gården var en boutiquefabrikk som het Vistandes. De produserer i mindre skala og er mer eksklusive. Der kom vi inn i veldig lekre lokaler i vakre omgivelser. I horisonten kunne vi skue Andesfjellenes hvite snøtopper. Disse hadde jeg håpet å se fra Mendoza by, men det gjør man ikke. Der ser man bare hus og trær som lukker gatene.

På vingården Vistandes hadde de også store ståltanker og fine eikefat, men dog i adskillig mindre skala enn på Lopez. Der ble det lagt opp til prøvesmaking av tre vinsorter med forskjellig kvalitet og forskjellig druemiks. De brukte også en chilensk drue som heter carménère. Vinen de produserte med denne druen var svært eksklusiv. Eieren fortalte også hvordan man skal holde glassene, nemlig i stetten slik at hånda ikke varmer opp vinen mer enn nødvendig. Og at man skal rulle vinen i glasset, for da bevares aromaen mens alkoholen fordufter.

Jeg rakk ikke å drikke unna før eieren helte mer i glassene, så noe gikk i spytteskåla. Men jeg måtte jo bare kjøpe med en vinflaske, og det ble selvsagt den dyreste med druen carménère siden den ble anbefalt. Den kostet 150 pesos (cirka 150 norske kroner) , men hadde sikkert kostet opp mot 400 kroner hjemme. Jeg så for meg en aften med argentinsk biff og vin.

Neste gård ut var en familiedrevet bedrift – en liten og sjarmerende bodega. Bodegaen var innredet med mange gamle eiketønner som ikke var i bruk lenger, hvis jeg forsto guiden rett. Det var også prøvesmaking på denne gården, og jeg hadde en engelsktalende guide for meg selv. De hadde et annerledes utvalg når det gjaldt etiketter. Ikke akkurat så stilrent, men mangfoldig og spesielt, noe for enhver smak.

Etter denne prøvesmakingen hadde jeg egentlig fått nok vin for en stund, men så var det tid for lunsj, så det ble nok mer.

Jeg merket raskt at dette kunne bli en lystig dag med all den smakingen. Den lille gruppa vår ble også mer pratsom etter hvert. Under den velsmakende lunsjen oversatte meksikaneren for meg hva det andre paret snakket om på spansk. Mannen i det brasilianske paret kunne litt engelsk, men ikke hun. Så det gikk på kryss og tvers med spansk og engelsk, og det ble en veldig hyggelig lunsj. Meksikaneren helte stadig mer vin til meg, akkurat som om jeg ikke hadde fått nok, noe jeg sa til ham, men han bare lo av meg. Han syntes visst det var gøy med *la Noruega*, som prøvde å si nei til mer vin – noe jeg gjorde allerede da vi var på Vistandes.

Neste og siste stopp var hos en sjokolade- og likørprodusent. De laget også deilige marmelader og annet godt å ha på brødskiva. Argentinerne er glad i det søte, og de elsker sjokolade. Plutselig husket jeg at byrået jeg kjøpte turen hos sa at de også laget absint. Veggene var dekket av absintetiketter.

Vi fikk prøvesmake alle de gode påleggene. Noen andre gjester hadde også kommet til. En ung mann fra Ecuador, som for øvrig snakket veldig godt engelsk, ble helt vill da jeg fortalte at jeg nettopp hadde vært i Praha, og at der var det absintbutikker overalt. Dit skulle han reise, sa han. I Argentina er absint forbudt. Men å lage det, hvor forbudt det egentlig er i sånn liten skala, det vet jeg ikke, siden hun som drev stedet gjorde det og de solgte det til turister. I tillegg til masse annen deilig likør de hadde og som vi fikk smake på.

Hun laget absintdrikke på riktig måte for de som ville ha. Sukkerbiten ble dynket i spriten og tent på, og has i drikken etterpå. Legenden sier at *den grønne gudinne* skal vise seg i flammen. Selvsagt måtte jeg jo prøve, et bitte lite glass. Saken var at det var råsterkt. Den første slurken brant så mye at ansiktsfargen min forandret seg, sa turguiden vår til meg. Han var ellers litt sjokkert og sa jeg var «crazy» som torde å prøve absint. De andre i gruppa sto over, de torde nok ikke, skjønt meksikaneren smakte en liten slurk av meg. Altså – et lite glass absint er jo ikke farlig. Jeg ble verken full, gal eller blind av det, sånn at dere vet det. Og det er faktisk ganske godt, skjønt jeg kunne tenkt meg å ha tynnet den litt ut siden det var veldig sterkt.

Utflukter som dette kan du kjøpe hvor som helst via hoteller, hostels eller byråer som det ligger flust av i byen. Jeg tok vel det første og beste i gågata i sentrum, i stedet for å bruke tid på å lete rundt. Og jeg fikk mye for pengene. Denne utflukten med alt inkludert kosta cirka 200–250 kroner i 2013-verdi. Tilsvarende utflukt i dag ligger på opp mot 500 kroner. Man kan få dyrere og billigere utflukter alt etter hva man ønsker å oppleve (kilde: Getyourguide.com og TripAdvisor.)

Du kan også kjøpe turer hvor du sykler fra vingård til vingård. Jeg hadde lest om det, og var noe som også fristet. Men damen på byrået sa det ville bli kjedelig om jeg skulle gjøre begge deler, så jeg måtte velge, og da ble det med denne hvor jeg fikk mer med på kjøpet. Og ikke minst, tenkte jeg etterpå, med så mye vin innabords, hadde det vel ikke vært helt trygt å sykle.

Den andre heldagsutflukten jeg var med på, var til Andesfjellene og Aconcagua. En fantastisk tur, men med noen halsbrekkende opplevelser.

Til topps i kondorenes rike med en gal bussjåfør i hippiebuss

Jeg ble plukket opp klokka 07.00 av den samme guiden som dagen før, men denne gangen var det en helt annen buss vi skulle farte med. På vinturen hadde vi en ny og fin minibuss, denne dagen en gammel og skranglete hippiebuss. Jeg fikk beskjed om å sette meg fremst. Jeg fikk ikke bilbeltene til å virke med en gang. Med hjertet i halsen – ja, de kan kjøre virkelig fort noen ganger, de gutta her – satt jeg der mens guiden prata i mikrofonen på vekselvis spansk og engelsk, og spøkte med at Roger sjåfør kjørte med øynene igjen og sånt, slik at vi måtte vekke ham med kollektiv plystring. Nå vel. Etter at vi hadde hatt det første fotostoppet, ba jeg ham fikse bilbeltene. Det ble litt bedre. Det føltes i alle fall slik.

Denne gangen var det en større gjeng enn på vinturen, siden denne høyfjellsturen ikke går hver dag.

Etter en stund stoppet vi i en liten by, Uspallata, 1350 meter over havet, for å få en strekk, kjøpe kaffe, gå på do og lignende. Interiøret bar preg av at vi var i et fjellområde, med masse ski i taket og på veggene. I denne byen har de filmet *Syv år i Tibet* med Brad Pitt, fortalte guiden. Han sa også at han syntes den filmen var *terrible*, noe jeg ikke var enig i – jeg liker den godt og har den i DVD-samlingen min.

Det ble etter en times tid kjøring et lengre stopp på et skisenter for de som ville ta stolheisene opp i fjellet for å få utsikt. Jeg takket nei til det, sa at vi har nok av disse i *Noruega*, og jeg liker dem ikke. Ja, men utsikten da, den er jo så flott. Nei, jeg hadde det faktisk helt fint med å sitte nede med ei bok og bare slappe av. Skisenteret var ellers stengt, med unntak av heisen, siden sesongen var over, men det var heldigvis WC der.

Etter dette stoppet bar det høyere og høyere opp i fjellet. Det var fascinerende å se på alle de spesielle fjellformasjonene. Andesfjellene er et stort og gammelt fjellområde. Og der oppe så jeg faktisk et par kondorer seile omkring. Utrolig sterkt å se.

Endelig kom vi til høydepunktet. Etter to og en halv times kjøring og om lag fjorten mil. Vi var i Aconcagua Park. Der har de lagt opp en fin rundløype folk kan gå. Dette er også utgangspunktet for de som vil gå til toppen av Argentinas høyeste fjell. Det er også et av verdens høyeste fjell, ser vi bort fra de i Himalaya. Vi merket at vi var 2950 meter over havet. Det kjentes på pusten. Det var ingen vits i å begynne å springe akkurat, her måtte man gå sakte.

Jeg elsker slike fjell, og var lykkelig over å være der. Roger sjåfør var også guide på trekkingturer i sesongen. Han sa at ganske mange greier å nå toppen på Aconcagua. Om lag 30 prosent blir rammet av høydesyke, hvis jeg forsto ham rett. En tur på atten dager med alt inkludert, legehjelp, helikopter, mat, bærere med mer, kostet cirka 3000 amerikanske dollar. Med dagens kurs vil det si godt over 30 000 norske kroner. Jeg antar at prisnivået har steget siden da, siden alt har blitt mye dyrere etter pandemien i 2020.

Det finnes også turer av kortere varighet, men jeg er ikke sikker på om de da går så langt. Det hadde jo vært en drøm å prøve en gang.

Da vi var et godt stykke inne i naturreservatet, så vi en kondor nærme seg. Det er helt utrolig hvor nært den kom. Den sirklet og sirklet rundt oss en god stund og kom så nært at vi så vingene og vingeslagene godt. Kondoren er en veldig stor fugl, med et vingespenn på opptil 3,2 meter. Den kan veie 15 kilo, og er fantastisk flott. Andeskondoren er verdens største rovfugl (kilde: Wikipedia). Denne opplevelsen var verdt hele turen. Lyset og skyene gjorde at det nesten så ut som at det var en engel, og at kondoren var mellom sola og den.

Vi kjørte helt til grensa til Chile, til den siste byen i Argentina, som guiden vår kalte den. Der fikk vi kjøpe lunsjbuffet. 75 pesos/kroner for så mye mat vi ville av kjøtt, kylling, ris, salater og dessert. Det var godt og mettende. Maten var skikkelig frisk, fersk og hjemmelaga. Vi spiste sammen på langbord, og praten gikk på forskjellige språk. I denne lille byen bodde det ti fastboende. Om vinteren er det så kaldt og så mye snø at de ikke kommer seg ut av husene sine, sa guiden.

Da vi kjørte nedover igjen, stoppet vi på et lite sted som heter Puente del Inca. Guiden ville vise oss et naturfenomen med noen varme kilder og salt. Han fortalte om stedet og viste frem en sko som hadde stått i vannet og blitt evig. Gjenstander oppbevart i dette saltet blir knallhardt som stein. De selger suvenirer av dette materialet. Det er visst helt enestående.

Etter denne turen, som hadde vart i over tolv timer, var jeg rimelig trøtt og veldig fornøyd. Utflukten kostet heller ikke mer enn cirka 250 kroner, og det er det ikke noe å si på. Lunsjen var ikke inkludert.

Mitt neste stopp på reisen var noe jeg ikke hadde planlagt i detalj mens jeg var i Argentina, bortsett fra at jeg skulle til Mexico. Her er litt om reisen og planleggingen videre.

Da jeg svømte med delfiner, ble skimmet i Mexico og kofferten røyk

De siste dagene i Mendoza måtte jeg ta en avgjørelse om hvor jeg skulle reise videre. Jeg sjekket priser på fly til Santiago i Chile, derfra til Mexico, alternativt tilbake til Buenos Aires og til Costa Rica. Det ble krøkkete hvordan jeg enn valgte, høye priser på det ene og det andre alternativet. For å gjøre det enklest mulig valgte jeg å reise til Córdoba og ta et par–tre dager der, og deretter videre med fly til Cancún i Mexico via Panama, der det var flybytte.

Córdoba ga meg lite. Det var ikke noen spesielle attraksjoner der, og byen var litt kjedelig. For meg ble det en mellomstasjon før neste eventyr – Mexico.

Jeg hadde på forhånd meldt meg på en rundreise i Mexico. Jeg så veldig frem til å møte den norske gruppa jeg skulle reise sammen med rundt i mayariket, til den mexicanske gulfen og andre severdigheter på Yucatánhalvøya. Det ble også en fantastisk reise.

Uka før var jeg i Cancún alene og koste meg på et herlig hotell som jeg fant til en rimelig pris. Maten rundt omkring var god, og etter mine tre uker i Mexico husker jeg landet som et maksimalt godt sted å være. Maten, folket, naturen, kulturen, strendene – ja, alt. Det eneste skåret i gleden, var at jeg ble skimmet for to kredittkort.

Skimming betyr at noen kjeltringer kopierer bankkortet ditt ulovlig. Det foregår ved at de installerer utstyr som kan kopiere dataene i bankkortet ditt i minibanker eller kortterminaler i butikker og lignende. I dag opplyses det alltid i seriøse butikker og minibanker at man må skjule koden sin godt når man taster den inn. Hvor jeg ble skimmet er ikke godt å si, men min mistanke går til en hotellresepsjon og en butikk jeg handlet i. Ser du at de bytter kortterminal bak disken, er det grunn til å være på vakt. Jeg oppdaget svindelen tilfeldig da jeg var inne og sjekket saldoen på kredittkortene før jeg skulle reise fra Mexico, og så at det var flere transaksjoner på reiser som jeg ikke hadde gjort. Heldigvis hadde jeg et kort igjen, som jeg var ekstra påpasselig med videre på reisen tilbake til Europa. Kredittkortene ble selvsagt sperret med en gang, og forsikringsselskapet ble varslet.

Fra Cancún reiste jeg til Firenze i Italia for å gå på skrivekurs en uke. Jeg hadde ny tøykoffert siden den andre gikk sund. Jeg måtte ha med meg en stor koffert når jeg skulle være borte så lenge – klær for både kaldt og varmt vær, noen bøker, og selv om jeg ikke skulle det, handlet jeg jo litt. Fra Mexico dro jeg blant annet med meg et tungt teppe med mayakalenderen på som sikkert veide fem kilo. Men jeg måtte jo bare ha det.

Tøykofferten jeg kjøpte i Cancún holdt ikke lenge. Etter noen dager i Firenze dro jeg til Venezia, der også den kofferten røyk i håndtaket. Da var det faktisk ikke noe annet å gjøre enn å kjøpe enda en ny. Denne gangen gikk jeg for en adskillig dyrere Samsonite med garanti. Det lønte seg, den holder seg godt den dag i dag.

Kapittel 7

Forskjellige typer reiser – hva passer for deg?

Hva er ditt utgangspunkt?

Hva er utfordrende for deg? Jeg sliter med angst og fobier, både edderkoppfobi, flyskrekk, båtskrekk og er redd for å kjøre bil og buss. La ikke dine sperrer hindre deg i å følge drømmen om å reise. Legg heller terskelen lavere for deg selv og ta små steg av gangen.

I Tanzania fikk jeg utfordret mange av mine fobier. Jeg hadde stor motstand i lang tid før reisen av forskjellige grunner, men det var tanken på edderkopper der vi skulle sove på safari samt den lange flyreisen som ble overskyggende. Jeg bet meg i det og sendte fastlegen en melding om e-konsultasjon for å spørre om jeg kunne få noe angstdempende. Det fikk jeg – 10 mg Sobril.

Det var ikke sikkert jeg kom til å bruke dem, tenkte jeg, men de var en trygghet å ha i sekken. Helt til jeg oppdaget under reisen fra Istanbul til Dar-es-Salaam at det var mye turbulens og risting i flyet. Jeg leste pakningsvedlegget, der det sto at man ikke burde bruke disse medisinene hvis man hadde søvnapne. Det har jo jeg, tenkte jeg. Oh, shit – what to do? Plutselig så jeg for meg at jeg kom til å bli kvalt, at pusten ville stoppe og at jeg aldri ville våkne igjen, høyt over havet utenfor Afrikas østkyst. Nei, dette tør jeg ikke, tenkte jeg. Jeg må greie meg uten, og ba om mer vin i stedet. Noe søvn ble det ikke på den nattflyvningen.

Ved mellomlandingen på Zanzibar hadde jeg 3G på mobildata og fikk sendt melding til legen min på Helsenorge: Hva gjør jeg, har du noe råd? Dagen etter, ved ankomst, fikk jeg svar: Min søvnapne er moderat, jeg bruker CPAP (noe jeg ikke gjorde akkurat da, men det visste ikke han), og siden jeg bare brukte Sobril i denne sammenhengen og ikke kombinerte med alkohol, så var han ikke bekymret for det.

Så var det dette med alkoholen. Jeg var klar over det, og torde heller ikke å drikke hvis jeg tok medisinen. Ikke samtidig, i alle fall.

Jeg fikk også en lignende utfordring da vi skulle kjøre til en tre dager lang safari til Mikumi nasjonalpark. Jeg er redd for sånne bilturer også, med høy fart, dårlige veier og mye trafikk. Jeg hadde sovet lite, og trengte å slappe av på den seks timer lange turen til campen. Skulle jeg ta en Sobril eller ha med øl? Sjåførene fylte opp kjølebager med vann, øl og vin som gruppa hadde bestilt. Jeg bestemte meg for en Sobril i stedet. Jeg hadde aldri prøvd det før, og var ganske engstelig for hvordan det skulle virke. Ble jeg dopet? Ville jeg reagere? Kunne jeg ta en øl litt lenger utpå? Jeg telte virketiden inni meg. Litt effekt etter en til to timer, full effekt etter tre–fire timer. Halveringstid? Når sluttet den å virke? Ble jeg aggressiv hvis jeg drakk for tidlig? En øl kunne vel ikke skade, tenkte jeg …

Vel, vi fikk se.

Det som skjedde, var ingenting. Det vil si – det føltes som ingenting, annet enn at jeg ble veldig trøtt. Jeg sov mye på turen, våknet selvsagt mye av at hodet dinglet hit og dit, men jeg sovnet raskt igjen. Det ble et lite glass etter at vi kom frem til campen, men da var det sikkert åtte timer siden jeg hadde tatt tabletten.

Etter lunsj dro vi på vår første safariutflukt i bushen. Da spanderte jeg på meg en kald øl. Gjett om det smakte, selv om den rant over på grunn av humpingen og ristingen på veien.

Jeg valgte å drikke vin om kvelden, men da fikk det bli alkoholen som bedøvet meg og dempet edderkoppfobien min. Guiden ble med meg opp til teltet mitt i mørket og forsikret meg om at det ikke var *spiders* der inne. Det var en liten glipe nede ved glidelåsen, og da jeg lett hysterisk og med hjerteklapp påpekte det, svarte han bare *don't worry, no spiders*.

Men jo, hva var det som møtte meg da jeg våknet om morgenen og skulle stelle meg før frokost? Spiders, edderkopper, små ekle kryp i taket og bak gardinene da jeg trakk dem opp. Det grøsset i kroppen, dette takler jeg ikke, tenkte jeg. Jeg gikk ned i matsalen, lett skjelvende, og sa ifra til personalet at de måtte få dem bort. *No problem*, svarte han i baren. Jeg måtte jo bare stole på det når kvelden kom.

Det ble litt vin til maten og en øl i teltet som hjalp meg å sove. Jeg vet, det er ikke en bra måte å løse problemer på, men hva skal man gjøre? Holde seg hjemme og unngå alt som er skummelt, eller utfordre seg selv og bruke hjelpemidler når man er nødt? Blir angsten for lammende, skjer det jo ingenting, og kroppen knytter seg i spenninger. Jeg har absolutt ingen ambisjoner om å kurere meg for verken edderkoppfobi, sjøskrekk eller flyskrekk mens jeg er på reise.

Jeg har vært i båt i dårlig vær over til Aranøyene i Irland, og grått med en boks øl i hånda og rolige medreisende på hver sin side av meg. Jeg har grått og hylt på et lite Widerøe-fly fra København til Sandefjord på vei hjem fra London. Jeg jobbet meg ut av flyskrekken, men den har ligget latent. Den blusset opp etter pandemien, og spesielt på denne lange reisen til Tanzania. Jeg har vært i Tyrkia på chartertur og hylt over en diger edderkopp på kjøkkenet. Men kan jeg, vil jeg, bør jeg slutte å reise av den grunn?

Nei, det vil jeg ikke. Jeg vil ikke at det skal hindre meg, men noen ganger må jeg justere reisemålene mine. Om jeg dropper en enkelt båttur, eller velger noe som ikke er like utfordrende, så er det kanskje helt greit. Hvor jeg er i livet, helsesituasjonen, hva jeg tåler av utfordringer og prøvelser med tanke på andre utfordringer jeg kan stå i til tider, spiller også inn. I skrivende stund er det ikke ekspedisjoner i Nepal eller jungelen i Amazonas som frister, selv om det var det jeg drømte om før.

Turen til Tanzania var en gruppereise, men jeg reiste alene ned dit. Jeg bruker den likevel som et eksempel på fobier og angst som man kan slite med. Poenget er i hvor stor grad du lar det hindre deg hvis du virkelig vil noe. Det er mer trygghet i å reise med en gruppe, hvor man har noen å snakke med og noen som kan forstå. Selv om man ikke kjenner dem fra før, blir man stort sett godt kjent. I alle fall på turer der man har noe til felles, som skrivereisen til Tanzania. Vi var et skrivende fellesskap, som likte å reise. Vi delte mye og ble godt kjent på utflukter vi var på. Andre typer gruppereiser kan fungere på samme måte når man har noe til felles.

Gruppeturer

Andre typer gruppereiser kan også være aktuelle. Jeg har vært på mange, alt fra skrivekurs, yogareiser, rundreiser til mystiske og hellige steder i verden, selvutviklingskurs og spirituelle reiser. Det finnes et hav av muligheter. Kanskje er du interessert i turer som har mat eller kultur som tema. Eller vandreturer og fotokurs. Det finnes reiser for enhver smak. På slike turer får man med seg mye som det hadde blitt mye mer strevsomt å legge opp selv – samtidig som man får med seg det sosiale. Det kan også være en bra start før man tar steget og reiser helt alene.

En annen ting er samtalene, alt man kommer inn på, mennesker man blir kjent med, mennesker man aldri før har møtt, som man har noe til felles med. Man møtes, deler livserfaringer, og møtes kanskje aldri igjen.

På de fleste gruppereisene jeg har deltatt på, har det vært overvekt av alenereisende. Det fører til en annen kontakt enn om man reiser på en gruppetur der de fleste er par eller vennepar. Dette er også et poeng å tenke over før man velger type tur. Det finnes også rene gruppereiser for single.

Tips om arrangører av gruppereiser:
Det finnes mange store turoperatører, og en del mindre rundt omkring i landet. Sjekk området der du bor, det kan man gjøre ved et kjapt googlesøk. For eksempel kan man bruke søkeord som gruppereiser, temareiser, vandrereiser, matkurs i Provence og lignende. Flere av de store reisearrangørene annonserer ofte i avisene.

Eksempler på turarrangører

Albatross

Aller travel (har også reiser for alenereisende)

Fotefar

Vitus reiser

Olivenreiser

Jomfrureiser (bare damer)

Carpe Diem (reiser for single)

Fjellturer

Veldig mange nordmenn liker å gå turer i fjellet eller marka. Kanskje er du også glad i naturen og ønsker å gå i fjellet. Selv om det er flere som har skrevet bøker om å være alene i den norske naturen, ønsker jeg å dele litt av min erfaring. Fjellturer er også blant den type reiser jeg har gjort alene, og som derfor hører med. Dessuten er det forholdsvis kortreist, man trenger ikke nødvendigvis dra så langt for å komme seg av gårde til nærmeste fjellheim med tog, buss eller bil.

Jeg elsker å gå i fjellet og å være på fjellet. Det er noe helt eget med det, å se de majestetiske fjellene ruve, bestige en fjelltopp, kjenne på den berusende frihetsfølelsen ved å være der. Respekten over den ville naturen og været som kan skifte så brått. Gleden over naturen har jeg med meg fra oppveksten. Mamma og pappa dro oss ofte med på tur i skog og mark, til kysten og til fjells. Vi hadde ikke egen hytte, men gjennom jobben fikk pappa leie, og det benyttet vi oss av. I voksen alder dro jeg også med egne barn på tur – både i nærmiljøet og i marka, men også til fjells. Jeg har vært medlem av Den Norske Turistforening i mange år og har vært flittig bruker av hyttene deres. Jeg tok selv med barna på vinterferie samt sommer og høst på Gjevilvasshytta i Trollheimen og andre hytter. Vi som bor i Trondheim, er så heldige å ha Trollheimen og Sylan et par timer unna med bil.

Etter at ungene flyttet ut, eller når de var hos sin far i ferier, har jeg dratt mange ganger alene til fjells. Innimellom også med venninner, men oftere alene. Det skal jo passe for andre hvis man vil dra sammen med noen, og det gjør det ikke alltid. En periode da jeg var yngre og sprekere, samlet jeg totusenmeterstopper. Hvor finnes de? Jotunheimen har en drøss, det samme med Rondane. Nært Trondheim finnes også Snøhetta på Dovrefjell. Selv om jeg har pest og slitt meg opp med astma og tidvis dårlig kondis, så har lykkefølelsen på toppen vært helt enorm. Det finnes knapt noe bedre. De store fjellområdene i Jotunheimen og Rondane er vidunderlig flotte og har et enormt løypenett. Her kan man fint gå uten å føle seg helt alene, siden man stadig møter på folk. Når jeg har gått og går alene, synes jeg det er en fordel at jeg vet at jeg kommer til å møte andre som går. Det gir en trygghet å tenke på at det ikke er så langt mellom folk i løypenettet.

På lengre turer i fjellheimen har det ofte hendt at jeg kommer frem sent, og da er det mindre folk å se. Da blir det viktig å komme seg ned til hytta før det blir mørkt. I fjellet kan været også skifte fort.

Det å gå lange turer i fjellet gir en egen mestringsfølelse. Man går jo ofte i flere timer. Men det er viktig å kjenne seg selv, sin egen begrensning, så man ikke går de lengste turene før man er sikker på at man greier de korte. En sekstimers tur for meg kan fort bli ni timer inkludert pauser og fordi tempoet mitt i motbakker ikke er særlig raskt. Jeg liker å ha gode pauser i fjellet, nyte naturen og ikke bare rase av gårde. Noen av de fineste turene har vært rundturer, som den jeg gikk på Sognefjellet for mange år siden. Jeg kjørte til Sognefjellshytta, overnattet der og gikk ned til Skogadalsbøen, med ny overnatting etter flere timers vandring. Det å få en iskald pils fra fat og en nydelig middag med akkurat passe kokte grønnsaker, der hvor det ikke går bilvei, var helt fantastisk. Vandringen dit var også spesiell.

Først greide jeg å gå meg litt bort fra stien da det kom tåke og jeg var uoppmerksom et lite øyeblikk. Akkurat så fort kan det gå, og vips ramler man ned et stup eller går seg bort. Det skjedde heldigvis ikke meg, men jeg husker godt hvor redd jeg ble. Er man alene, har man bare seg selv å stole på, og man kjenner mye oftere på slike følelser. Hva skjer hvis jeg går meg bort? Hva skjer hvis jeg faller og skader meg utenfor stien? Man leser jo ofte i nyhetene at folk faller ned i råker i isbreer og fjellskrenter og skader seg og det som verre er. Fjellet skal man ha respekt for. Man må også huske at det ikke er mobildekning overalt, så ha med godt med klær, mat og drikke og så videre. Fjellvettreglene er der av en grunn. Nå vel, den som skal på fjelltur, må rett og slett forberede seg godt.

Tåka lettet, og jeg kom meg heldigvis raskt opp på stien igjen. Ikke la stien komme ut av syne. Samtidig skal det nevnes at stiene ikke alltid er like godt merket heller, men det er en annen sak. Stien ned mot Skogadalsbøen gikk langs gamle trehus, små bruk, mye gress, noe som viste at her har det bodd fattigfolk. Tankene gikk til *Livets døtre*, serien av May Grethe Lerum som jeg falt pladask for da den kom. Den handlet om de som gikk over fjellet, fant seg bosteder her og der. Jeg så for meg at det var sånn det så ut den gangen, her levde de med urtesanking, noe geiter og litt grønnsaker. Når man går alene, er det god plass til egne tanker.

Etter en deilig natt på Skogadalsbøen, skulle jeg gå en seig tur opp til Fanaråken, Norges høyest beliggende turisthytte. På Fannaråkhytta er det litt enklere kår. Det er ikke så lett å frakte ting dit opp til platået over 2000 meter over havet. Utsikten er magisk, med Skagadølstindene midt imot og Fannaråkbreen mot Sognefjellshytta på den andre siden. Dette er belønningen. Så får det heller være at jeg ikke alltid sover like godt på hyttene, i alle fall ikke når man stues sammen på en hems eller en sal med mange andre snorkende folk og sokker som stinker.

Når man ikke lenger greier de lange turene

De siste årene har det ikke blitt sånne turer. Siden jeg har slitt med hofter og knær, har turene blitt kortere. Jeg savner de lange vandringene, men er fortsatt ikke helt der. Jeg måtte lære meg å snu tankegangen, komme videre i sorgen over helsetapet, og ha fokus på hva jeg fikk til og hva som var mulig for meg. Og er mulig for meg. Det finnes alltid nye og andre muligheter. Det finnes både toppturer som er enkle å nå og fine turer som er kortere. Jeg drar fortsatt til fjells når jeg kan, eller rettere sagt når jeg prioriterer det. Siden det har blitt flere utenlandsturer de siste årene, har det blitt mindre turer i den norske fjellheimen. Alt koster, også fjellturer. Transport, overnatting, mat. Jeg har aldri vært typen som har dratt av gårde med telt og tung sekk – sekken er tung nok på en lang dagstur i fjellet til en hytte hvor man skal overnatte og gå videre neste dag. Korte dagsturer er enklere. Det har blitt noen fastopphold på fjellhytter hvor det har vært fine løyper å gå. Blant annet på Venabygdsfjellet, der jeg kombinerte med å se Peer Gynt på Gålå. Flere hytter i området selger pakker med opphold, transport og billett til forestillingen. Det måtte jeg jo bare få med meg. Det ble en flott opplevelse, selv i høljende regn.

Det finnes også mange kurs man kan melde seg på i hyttene i fjellet, alt fra yoga, fotografering og skriving, til mer fjellturrelaterte kurs. Det finnes gruppeturer av kortere og lengre varighet. Søk på DNT, så finner du ut av det. I tillegg til et skrivekurs som ikke var arrangert av DNT, har jeg vært med på et fotokurs i Rondane arrangert gjennom DNT. Veldig flott, det også. Kombiner gjerne fjelltur med en interesse du har, og du kan få venner for livet. I alle fall er det sosialt mens man er der.

Finn din type tur – ta utgangspunkt i dine interesser

Kapittel 8

Hva kan gå galt?

Tyveri, ran, svindel

Har du noen gang blitt ranet? Eller er du redd for å bli det? Selvsagt finnes det ingen garanti mot å bli utsatt for ran og tyveri, men det har man ikke hjemme heller. Det skjer innbrudd i hus og leiligheter, folk opplever å bli skimmet i bankautomater, man kan bli ranet på gata i byer der det er mye folk, på bussen, trikken og T-banen.

Reiser man mye, må man nesten regne med at man kan bli utsatt for et eller annet. I noen land der fattigdommen er stor og arbeidsledigheten høy, er det ofte en del kriminalitet. Dit kommer rike turister med lommene stinne av gryn. Selv om vi alle her hjemme langt fra er rike, er vi det i deres øyne. Vi har bankkort, mobiltelefoner og merkeklær – verdier mange bare kan drømme om.

Vi kan ta forholdsregler, men mange lommetyver og ranere er så utspekulerte og dyktige at den beste kan bli lurt. Hvis uhellet er ute, hva kan du gjøre da?

Da jeg ble ranet i Málaga

Jeg har som nevnt opplevd å bli skimmet i Mexico og ranet av lommetyv på trikken i Amsterdam, men den verste opplevelsen hadde jeg sommeren 2022 i Málaga, der jeg ble utsatt for et for meg ukjent triks. Det var en ekkel og meget ubehagelig episode, der jeg ble ranet av en profesjonell lommetyv. Måten han/de gjorde det på var overraskende. Andre jeg har snakket med hadde heller ikke hørt om denne metoden.

Jeg hadde tenkt meg til stranda, men det skyet over på vei dit og jeg fikk en idé om å besøke festningen i stedet. Det var ikke så langt å gå fra der jeg var akkurat da. En halvtimes spasertur, ifølge Google Maps. Vel, litt mer tid tok det nok denne gangen.

Jeg gikk opp ved siden av katedralen og tok en vei til høyre og deretter oppover langs trapper og små gangveier med vakre, blomstrende klatrebusker. Jeg pustet og peste meg oppover og skuet på festningen – var det langt igjen nå?

Jeg var på vei opp en trapp da jeg hørte noe som splasjet. Noe falt på meg og i bakken, og jeg snudde meg brått. Litt lenger ned på platået sto en mann, som også snudde seg.

– Oh, birdshit, utbrøt han og pekte på ryggen min. Han tilbød seg å hjelpe meg å tørke det av, og ba meg bli med litt lenger ned der det var vannkabler til å skylle av med.

Jeg kjente jeg var litt skeptisk til å bli med, jeg ville opp, ikke ned, men samtidig så jeg hvor tilgriset jeg var og ville ha det vekk fortest mulig. Jeg overhørte det lille stikket av dårlig magefølelse.

Vel, vann var det ikke i vanningskablene. Så dro han frem lommeservietter samt en flaske vann og satte i gang å tørke av. Jeg måtte vrenge av meg skjorta, som var veldig tilgriset. Jeg tørket av det jeg kunne, mens han tørka av på sekken og shortsen bak.

Noe skurret langt bak i pannebrasken, men jeg greide ikke å agere på det der og da. Ikke før han begynte å bli nærgående ved låret på shortsen, der jeg hadde ei lomme med glidelås hvor kort og penger lå. Jeg ville ha vekk fugledritten som lignet på oppkast fortest mulig. Det er sånt jeg brekker meg av, men her gikk grensen.

Jeg sa nei, nei, og føyste ham vekk, og så sa han noe om at det var bra nå. Så gikk han. Han satte igjen flaske og servietter. Snill mann, tenkte jeg.

I sekken hadde jeg heldigvis strandklær. Jeg tok på meg bikinioverdelen og en sarong som overdel. Svettet og peste meg videre oppover på gangveien mot festningen, som har fantastisk utsikt over Málaga.

Ved inngangen oppdaget jeg hva som hadde skjedd. Jeg tok opp lommeboka, og kikket sjokkert nedi. Der var det kun kvitteringer, ingen euro, ingen kort. WTF?

Mannen ved inngangen ba meg tenke etter når jeg brukte kortet sist.

Jeg hadde ikke brukt kort den dagen. Det gikk opp for meg at enten måtte noen ha vært inne på rommet mitt på natta, noe som var lite trolig, eller så var det den «snille mannen» som hjalp meg som var tyven.

Snakk om fingerferdighet.

Jeg var ganske sjokkert, men fikk ringt og sperret kort. Og hva nå? Jeg hadde pest meg opp den lange bakken og gjennom byen til ingen nytte. I sekken hadde jeg heldigvis litt nøtter og en flaske vann. Jeg hadde også to euro og tjue cent igjen i kontanter. Jeg tenkte at jeg måtte høre om jeg kunne få gå inn likevel. Inngang kostet tre og en halv euro. Jeg viste vakta pengene, og han sa at jeg bare skulle gå inn. Takknemlig gikk jeg inn og fikk sett festningen.

Inne i festningen var det en liten kafe, og jeg hadde behov for å sette meg ned en stund for bare å puste, lande. Det gikk mer og mer opp for meg at jeg hadde blitt utsatt for et meget stygt triks som var nøye planlagt og regissert. Fugleskitten var ikke fugleskitt, men noe annet. Mannen avledet meg slik at han kunne lure ut kort og penger av pungen inne i den glidelåsbeskyttede lomma. Utrolig, spør du meg.

Selvsagt følte jeg meg både dum og naiv. Jeg som alltid er så påpasselig. Burde ikke latt ham hjelpe meg, blitt med ned trappa og så videre. Sannheten er at det går så utrolig fort, og du rekker nesten ikke å tenke.

Jeg kikket på menyen, det eneste jeg hadde råd til var vann eller litt øl. Det lille glasset (0,25 dl) kostet to og en halv euro, men jeg fikk det for de pengene jeg hadde. Snille mannen bak disken. Heldigvis finnes det snille folk, og folk flest er det, noe som man ikke bør glemme.

Jeg ble sittende en god stund og bare glo ut i lufta mens jeg drakk det iskalde ølet.

Da jeg kom tilbake til leiligheten, la jeg ut et spørsmål i en Facebook-gruppe om folk hadde erfaring med tyveri og anmeldelser. Jeg orket ikke å fortelle om hele greia da, men folk spør jo. Da var det ei som la ut en artikkel fra en lokal avis i mars om lignende tyveri på Costa del Sol. Jeg kjente igjen alt da jeg leste det, det var akkurat sånn det var.

Etter mye frem og tilbake dagen etter – det kokte i hodet mitt – samt telefonering til kortselskap med mer, gikk jeg til byen. Jeg hadde ikke så lyst. Jeg fikk nesten litt angst, for enn hvis jeg mista det siste kortet og de siste euroene? Kanskje jeg burde ta ut mer, fordele pengene og gjemme kortet inne, låst i safe eller koffert. Følelsen av å bli utsatt for noe grovt, følelsen av å ha blitt invadert, følelsen av å miste tillit til folk, snek seg innover meg utover dagen.

Til slutt gikk jeg ut. Jeg hadde pakket for strandtur igjen, den siste dagen – men endte opp hos politiet på Turistinformasjonen ved havna for å anmelde tyveriet. Først var jeg innom en lokal politistasjon i nærmiljøet, men han henviste meg til Policía Nacional. Jeg trengte ikke å anmelde, ifølge kortselskapet, siden det ikke var store beløp kjeltringen rakk å ta ut. Men likevel.

Var det verdt bryet å anmelde? tenkte jeg.

Og ja, det var det. Politiet var veldig lyttende, de kjente til problemet, de viste meg bilder av mulige gjerningsmenn, de skrev rapport og jeg fikk med en kopi.

For meg var det en slags terapi i det. For andre turister

er det viktig at politiet får inn anmeldelser slik at de lettere kan få tak i de kriminelle samt at det synliggjør et problem. Det var godt å ha gjort det, selv om det ikke ble noen strandtur den dagen heller. Det ble en god middag på havna i stedet.

Da jeg mistet flyet i Córdoba

Det er fullt mulig å miste flyet, noe jeg gjorde da jeg var i Córdoba i Argentina. Litt døgnforvirret som jeg var i et land med stor tidsforskjell, så var det fort gjort. Mitt fly skulle gå på natta, cirka klokka 02.00, og jeg greide å blingse på datoen.

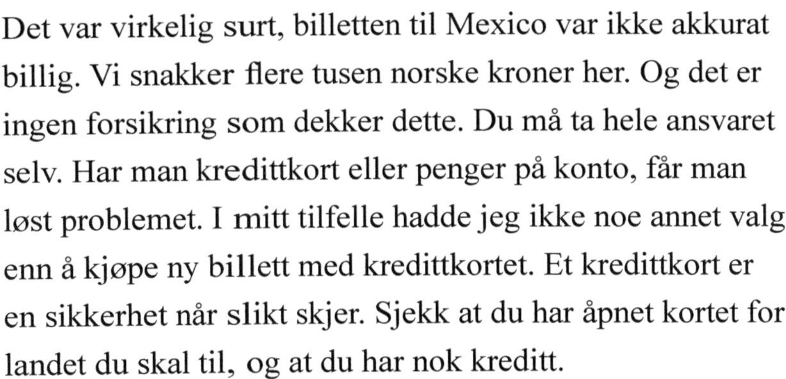

Det var virkelig surt, billetten til Mexico var ikke akkurat billig. Vi snakker flere tusen norske kroner her. Og det er ingen forsikring som dekker dette. Du må ta hele ansvaret selv. Har man kredittkort eller penger på konto, får man løst problemet. I mitt tilfelle hadde jeg ikke noe annet valg enn å kjøpe ny billett med kredittkortet. Et kredittkort er en sikkerhet når slikt skjer. Sjekk at du har åpnet kortet for landet du skal til, og at du har nok kreditt.

Noen har familiemedlemmer som kan hjelpe, men det kan uansett ta tid å få penger overført på kontoen, noe som hjelper lite hvis du skal reise med en gang. Kan man vente noen dager, er det lurt å ha muligheten til å avbestille hotellet du skal til på neste destinasjon samt finne ny overnatting der du er uten å bli flådd.

Ha god tid, sjekk billettene flere ganger, spesielt der det er tidsforskjell.

Utsatthet og sårbarhet

Jeg har vært innom det med frykt, angst, redsel og ulike terskler man kan ha for å unngå å reise. Også det at man godt kan kjenne på disse følelsene når man er på reise. Selv har jeg en drøss med fobier, men jeg har jobbet iherdig med å trosse disse, og reiser likevel. Gleden ved å kunne reise er mye større enn frykten, og gir meg følelse av mestring. Når nye hindre overvinnes, øker mestringsfølelsen og gleden av å få det til.

Skal man endre noe i livet sitt, må man utfordre seg selv, klatre over hindre og komme seg gjennom det. Alle kan med hvert sitt utgangspunkt. Små seire for én person kan være store for en annen. Det er i alle fall ikke lurt å sammenligne seg med de som har et helt annet utgangspunkt enn deg selv. Helse, alder, økonomi, ferdigheter, erfaring, kjønn – det er mye som spiller inn.

Ta små steg av gangen.

De fleste av oss er sårbare på en eller annen måte. Å reise alene gjør at man er i en mer sårbar posisjon enn om man reiser to eller flere sammen. Det må man ta hensyn til. På den annen side gir det stor glede og frihet.

Jeg har vært i flere situasjoner der jeg har følt meg ganske sårbar. Jeg har nevnt å bli utsatt for tyveri og ran. Jeg har gått alene på bratte fjellsider med trange stier og følt at det har vært helt på kanten. Hva hvis det skjer meg noe her? Hva hvis jeg brekker ankelen eller faller ned fra stien? Det har hendt at jeg har tenkt sånn, og da blir jeg selvsagt ekstra forsiktig.

Men jeg lar ikke være å gå på fjelltur av den grunn.

Jeg har gått på meg kneproblemer og så vidt gjort meg forstått på et apotek i Las Palmas. Man finner alltid løsninger for slike hendelser.

Jeg mistet deler av ei tann en gang på Tenerife – ikke særlig godt eller pent, siden det var ei fortann. Jeg fant en tannlege og fikk fikset den midlertidig med en fylling, men måtte gå med halv tann i ferien. Det mest pinlige var at jeg skulle møte en kjekk mann som jeg hadde blitt kjent med i et internettforum en av dagene. Da jeg traff ham, ble det noen anstrengte smil med lukket munn.

En gang jeg var på tur til vulkanen Teide, ble jeg matforgiftet. Antagelig av et smørbrød jeg spiste på en kafe under gondolbanen. Vi skulle videre til prøvesmaking på en vingård etterpå. Ikke ofte jeg takker nei, men der satt jeg og skalv og ville bare kaste opp.

Noe er uunngåelig, men annet kan man forebygge. Ta hensyn til din egen sårbarhet, men ikke la den hindre deg i å gjøre det du har lyst til.

Er du sensitiv for mat, ta med noe selv. Vær forsiktig med salater, is og den slags. Sjekk hvordan det er med mat, hygiene og bakteriekultur der du skal. Det går stort sett fint i Europa, men matforgiftet kan man bli overalt. Det har skjedd meg både på Tenerife og i Tyrkia. Folk blir det i Norge også.

Det er lurt å ha med Imodium hvis man har en sensitiv mage. Mange sverger også til kulltabletter. Spør på apoteket før du drar, eller oppsøk apotek der du er.

Pass på verdisaker og bagasje

Selv går jeg mest med sekk, siden jeg som regel er ute så lenge at jeg vil ha med meg både bok, ekstra klær og noe å spise og drikke, som nøtter og vann. Går jeg ut for å spise om kvelden, holder det med en liten håndveske med plass til boka jeg leser og lader til mobilen. Jeg har veldig sjelden bankkort og kontanter i veska, og aldri i sekken. De har jeg i lomma, gjerne en lomme med glidelås.

Men man har ingen garanti mot å bli utsatt for ran. Det opplevde jeg som nevnt i Málaga. Der hadde jeg på meg shorts med glidelås og klaff, og likevel greide den erfarne lommetyven å avlede meg og komme seg ned i den og stjele kortet. Utrolig, ikke sant?

Før i tiden gikk vi med lommebelter med plass til pass og penger. Slike selges ennå, men hvor vanlig det er å bruke, vet jeg ikke. Jeg brukte dem noen år, helt til jeg leste at lommetyver kan alle slike triks og greier å avlede deg slik at de kan stjele dem. Etter det har jeg nesten ikke brukt slike. Med vide klær og beltene tett inntil kroppen fungerer det sikkert bra, men jeg er forsiktig med det.

Det finnes også små lommebøker for kort og litt kontanter som man kan klipse på innsiden av en bukse, skjorta, skjørtet eller BH-en. Noen er også laget slik at de beskytter mot ulovlig skanning og identitetstyveri. Sist jeg var i Spania brukte jeg en som hadde plass til to kredittkort og som jeg knipset på innsiden av bukselinningen. Jeg hadde litt kontanter i en annen lomme.

Jeg har også hørt at noen putter penger og kort i BH-en. For meg høres det litt ekkelt ut å grafse ned i puppene mens man drar ut kort og penger. Dessuten har du det hygieniske aspektet – det blir fort ganske svett nedi der.

Å gå med sekk på ryggen er det mange som advarer mot. Jeg synes det ser dummere ut å gå med den på magen, for da lyser det turist lang vei. Man må heller unngå å ha verdisaker i sekken. Foretrekker man å ha sekken på magen, så kan man selvsagt det hvis man føler at det er tryggere.

Noen ganger må man kanskje dra med seg laptopen, men da bør man passe ekstra på og være ekstra oppmerksom på hvor man går.

Å være på stranda kan være ekstra utfordrende. Hvor skal man gjøre av mobil og penger mens man bader? Mitt råd er å ikke ta med så mye penger eller bankkort når man skal på stranda. Må du ha med mobilen? Jeg tar den alltid med hvis jeg er et stykke fra hotellet. Den trenger jeg hvis noe skulle skje, og dessuten fordi jeg liker å ta bilder. Man kan også kjøpe et billig Instamatic pocketkamera og legge igjen mobilen på hotellet. Det finnes vanntette plastlommer man kan ha mobilen i, ellers må man legge den slik at man kan holde øye med den. Jeg bruker å legge meg nært vannet, og er aldri langt ute hvis jeg bader og har mobilen og kort liggende gjemt på solsenga eller i håndkleet. Det er litt stress med det, men for meg er valget enkelt. Ligger stranda et stykke unna hotellet, må jeg vurdere hva jeg skal gjøre med tingene mine på stranda. Ligger hotellet i nærheten, trenger jeg ikke å ta med meg så mye. Jeg kjenner reisende som velger å la mobilen være igjen på rommet selv når de er borte noen timer på en strandtur. Det er fullt mulig, og man velger selvsagt selv, men det er viktig å tenke gjennom hvordan man gjør det og hva man strengt tatt trenger å ta med seg ut.

Hvordan passe på verdisakene dine:

- Kjenne til metoder tyvene bruker.
- Være ekstra oppmerksom på lommetyver der det er mye folk og trengsel.
- Ha penger og kort tett inntil kroppen.
- Ikke ta med alt du har av penger og kort når du går ut. Ha alltid et ekstra kort innelåst på rommet, samt ekstra kontanter.
- Unngå øde, folketomme gater og smug.
- På stranda: Ha bare med kontanter, eventuelt få noen til å passe på sakene dine. Selv legger jeg meg nært stranda og har sakene under oppsyn. Helst burde man legge igjen mobilen på rommet, men det er ikke alltid like lett å gjennomføre. Man kan trenge den, men vurder om det er nødvendig.
- Kjøp vanntette etui til mobiltelefonen som du kan ha med i vannet hvis du skal bade.
- Pass på bagasjen på tog og buss. Flere har blitt frastjålet sekker og kofferter på reise.

Ute på kveldstid

Det er kanskje unødvendig å si det, men det kan ikke gjentas for ofte. Gå ikke alene på folketomme, skumle, øde steder i mørket. Pass på å ikke innta for mye alkohol, for da er man mye mer sårbar og mindre kritisk. Ta drosje for å komme deg hjem hvis du er beruset eller i tvil om det er lurt å gå hjem fra den puben eller hvor du enn er sent på kvelden. Kvinner er mer utsatt for menn som ikke ønsker deg vel og mer utsatt for seksuell vold, noe vi faktisk bør ta hensyn til. Ikke at vi skal være livredde for at gjerningsmenn lurer under enhver busk i mørket, men vi må bruke sunn fornuft, rett og slett. Det uønskede kan skje, man har aldri noen garanti, men du kan gjøre sjansene mindre ved å ta noen forholdsregler. Skal man reise alene, er det alltid en viss risiko for at noe kan skje, noe som også kan hende hjemme hvis man er ute på byen eller går hjem alene i mørket. La det ikke hindre deg. Er du redd for å gå ut om kvelden – gå ut tidligere og gå hjem tidligere. Man kan ha en utmerket reise selv om man ikke er ute på kvelden.

Det er sunt med litt skepsis til fremmede, men ikke la det ta overhånd. De fleste er hyggelige og vil deg vel, og mange er hjelpsomme. Se an folk, og vær åpen for nye bekjentskaper. De fleste har gode hensikter. Kanskje er du en av dem som synes det å bli kjent med folk fra andre land er noe av det mest spennende med å reise. Da anbefaler jeg at du bare kaster deg ut i det. Våg å utfordre deg selv, men ha med deg hodet også.

Ta med adressen og telefonnummeret til hotellet eller leiligheten når du er ute. Kanskje trenger du drosje hjem, kanskje roter du deg bort. Mange har visittkort i resepsjonen som det er kjekt å ta med seg.

Gode forberedelser gir trygghet.

Er du klar for å følge reisedrømmen din?

I denne boka har jeg gitt deg mine beste reisetips for å følge drømmen om å reise alene. Alle har ikke alltid noen å reise sammen med av forskjellige grunner. Hvorfor skal det å være alene hindre deg? Eller kanskje du har en partner som ikke ønsker det samme som deg? Kanskje er du i et forhold, men trenger mer alenetid? Jeg håper du har fått tenkt gjennom hva som er viktig i livet. Det er ditt liv du skal leve. Det er din tur nå. Hvis det å reise er viktig for deg, så hvorfor ikke gjøre alvor av drømmen? Siden du har kommet så langt i denne boka, regner jeg med at du har en drøm om å reise alene, eller at du allerede gjør det og ønsker å utfordre deg mer.

Jeg håper du har fått inspirasjon til å komme deg av gårde og strekke deg litt lenger. Den som intet våger, intet vinner, heter det.

Følg hjertet ditt. Start med små steg, og utvid etter hvert. Gradvis blir du vant til å reise alene, og ser alle fordelene og gledene med det. Det er selvsagt en fordel at du trives i eget selskap.

Du har friheten til å gjøre hva du vil, sove lenge, lese en bok, slippe diskusjoner om hvor man skal spise i dag og hva man skal gjøre – skal man se det museet eller dra på shopping? Det er bare herlig!

Flere enn meg har drømt om å legge ut på en lengre reise. Ikke vent til du er pensjonist, for da kan det være for sent. Dessverre har jeg opplevd de siste årene at folk går bort altfor tidlig, og det skjer oftere dess eldre man blir. Mange rekker ikke å bli pensjonist, eller opplever at helsa svikter totalt. Ingen har noen garanti. Er det noe du virkelig vil, så gjør det før det blir for sent.

La ikke frykten styre deg – ta musesteg for musesteg eller hopp i det! Snart er du klar for nye eventyr!

Takk!

Ikke visste jeg at det måtte en hel hær av folk til for å lage en bok. Siden jeg bestemte meg for dette bokprosjektet under en skriveretreat i Villajoyosa, har det gått to–tre år – og mange har bidratt til at denne boka ble til. Det er jeg dypt takknemlig for. Takk til alle som heiet når jeg nølte og lyttet når jeg hadde behov for å tenke høyt.

En spesiell takk til Bernt Roald Nilsen, som oppmuntret meg til å tro på at denne boka hadde en plass i verden. Takk også til alle de fine og dyktige folkene i Forfatterprogrammet – Tina Holt for inspirerende gruppecoaching og Vibeke Dahn for gjennomlesning av manus – samt Forfatterskolen og BoldBooks.

En varm takk går til Kristine Storli Henningsen og Marit Reiersgård på skrivereisen til Tanzania, og til alle medskrivere som gapskrattet da jeg leste høyt fra manuset mitt for aller første gang. Dere lo av humoren – og av gjenkjennelsen – og ga meg troen på at jeg hadde noe å komme med. At flere sa dere fikk reiselyst av å lese, ga meg mot til å fortsette.

Takk til testleserne Randi Rabben, Tine Sundal, Beathe Solberg, Herdis Kleven og Hege J. Hexeberg for kloke innspill og ærlige tilbakemeldinger i starten av prosjektet. Til Randi også for heiarop og støtte gjennom hele prosessen. Og til alle dere jeg har sparret med om forside og tittel – mine barn Jeanette, Niklas og Andreas, min søster Heidi og mamma Anny, mine venner, bokbandittene Mariann Sæther Tokle, Hilde Sæther og Anne Lise Johannessen, min gode venn Pål Rune Eikbu, samt mentor Anniken Bjørnes, Kristin Over-Rein og andre i BoldBooks-nettverket.

En spesiell takk til mine reise- og fotovenninner Randi J. Aasheim og Anniken Skotvoll, som stilte opp med kamera og lånte ut bilder til omslaget. Takk også til skrivegruppa Bokstøttene for bokprat, støtte, inspirasjon – og ikke minst lanseringshjelp.

En ekstra takk til Siri Hansbakken, som kom på hjemmebesøk og reddet meg da jeg sto fast med nytt Word-program og skulle begynne redigeringen. Hjelpen fra min sønn Niklas på telefon og Messenger som akutt teknisk support har vært uvurderlig.

Nevnes må også skrivegjengen fra Borge Hotell i regi av Jorunn Solli og Tekstuniverset. Å ha et nettverk med andre skrivende er gull!

Takk til min gode redaktør Espen Selmer-Torgersen fra Forfatterskolen for oppmuntring og positive ord når jeg hadde lyst til å gi opp. Takk til Edward Reibo for super språkvask, korrektur og raske svar på alt jeg lurte på. Og takk til Ida Nygaard for omslag, ombrekk og alt som skulle til for å få boka i trykk – samt alle andre jeg har møtt gjennom BoldBooks og som har inspirert og hjulpet meg videre.

Og til pappa Ragnar – selvsagt – fordi du sådde reiselysten i meg med alle historiene dine fra årene som sjømann i utenriksfart.

Det er mange flere jeg skulle ha nevnt, men dere er ikke glemt.

Og til deg som leser – måtte du finne motet til å reise, enten det er langt eller nært.

God tur!
Anita Ness

Litteratur til inspirasjon

Appelsinlunden, Rosanna Ley, 2022

Bad times in Buenos Aires, Miranda France, 2002

Endelig glad i å fly!, Allen Carr, 2013

Ferie med tog – reiseglede langs skinnene, Sigrid Elsrud, 2022

Finn din superkraft! Nøkkelen til varig motivasjon og livsglede, Anniken Binz, 2024

Friluftsfersking – full av inspirasjon og tips til et lavterskel friluftsliv, Une Cecilie Oksvold, 2022

Grensen, Erika Fatland, 2017

Havets katedral, Ildefonso Falcones, 2008

Himmelen er et sted på jorden, Christoffer Holst, 2025

Hvordan bli rik på et år – få orden på økonomien din, ro i sjela og råd til livet du drømmer om, Marie Olaussen, 2021

Krakow, Aasne Linnestå, 2008

Min tur nå! Følg drømmen etter seksti, Synnøve Skåksrud, 2018

Mure-serien, Jenny Colgan, 2019–2024

Tur-retur Norge med @helenemoo, Helene Myhre Østervold, 2021

Nå stikker jeg! - en sofagris på pilegrimsferd, Hans-Peter Kerkeling, 2018

Perla, Carolina De Robertis, 2012

Postkort fra Hellas, Victoria Hislop, 2018
Psykolog med sovepose, Johanne S. Refseth, 2022
Sivilstatus: lykkelig alene – fra å jakte etter kjærlighet fra andre, til å finne den i seg selv, Maria Holand Tøsse, 2022
Takk for turen, naturen – en turbok for både friluftsfolk og sofaslitere, Jannecke Weeder, 2021
The Solo Female Travel Book, Jen Ruiz, 2019
The Solo Travel HandBook, Lonely Planet, 2018
Togferie til Sør-Europa, Kristian Skjellum Aas, 2025
Togreiser – seks reiseruter i Norden, Europa og Asia, Håvard Rem, 2009
Tøffere enn du tror – gode verktøy for å drømme større og våge mer, Johanne S. Refseth, 2024
Øya, Victoria Hislop, 2007

Egne notater

Egne notater